思想的・睿智的・獨見的

經典名著文庫

學術評議

丘為君　吳惠林　宋鎮照　林玉体　邱燮友
洪漢鼎　孫效智　秦夢群　高明士　高宣揚
張光宇　張炳陽　陳秀蓉　陳思賢　陳清秀
陳鼓應　曾永義　黃光國　黃光雄　黃昆輝
黃政傑　楊維哲　葉海煙　葉國良　廖達琪
劉滄龍　黎建球　盧美貴　薛化元　謝宗林
簡成熙　顏厥安（以姓氏筆畫排序）

策劃　楊榮川

五南圖書出版公司 印行

經典名著文庫

學術評議者簡介（依姓氏筆畫排序）

經典名著文庫047

論世界帝國

但丁・阿利蓋里 著
(Dante Alighieri)
朱虹 譯

經典永恆・名著常在

五十週年的獻禮・「經典名著文庫」出版緣起

總策劃 楊榮川

五南，五十年了。半個世紀，人生旅程的一大半，我們走過來了。不敢說有多大成就，至少沒有凋零。

五南忝為學術出版的一員，在大專教材、學術專著、知識讀本出版已逾壹萬參仟種之後，面對著當今圖書界媚俗的追逐、淺碟化的內容以及碎片化的資訊圖景當中，我們思索著：邁向百年的未來歷程裡，我們能為知識界、文化學術界做些什麼？在速食文化的生態下，有什麼值得讓人雋永品味的？

歷代經典・當今名著，經過時間的洗禮，千錘百鍊，流傳至今，光芒耀人；不僅使我們能領悟前人的智慧，同時也增深我們思考的深度與視野。十九世紀唯意志論開創者叔本華，在其〈論閱讀和書籍〉文中指出：「對任何時代所謂的暢銷書要持謹慎的態度。」他覺得讀書應該精挑細選，把時間用來閱讀那些「古今中外的偉大人物的著作」，閱讀那些「站在人類之巓的著作及享受不朽聲譽的人們的作品」。閱讀就要「讀原著」，是他的體悟。他甚至認爲，閱讀經典原著，勝過於親炙教誨。他說：

「一個人的著作是這個人的思想菁華。所以，儘管一個人具有偉大的思想能力，但閱讀這個人的著作總會比與這個人的交往獲得更多的內容。就最重要的方面而言，閱讀這些著作的確可以取代，甚至遠遠超過與這個人的近身交往。」

爲什麼？原因正在於這些著作正是他思想的完整呈現，是他所有的思考、研究和學習的結果；而與這個人的交往卻是片斷的、支離的、隨機的。何況，想與之交談，如今時空，只能徒呼負負，空留神往而已。

三十歲就當芝加哥大學校長、四十六歲榮任名譽校長的赫欽斯（Robert M. Hutchins, 1899-1977），是力倡人文教育的大師。「教育要教眞理」，是其名言，強調「經典就是人文教育最佳的方式」。他認爲：

「西方學術思想傳遞下來的永恆學識，即那些不因時代變遷而有所減損其價值的古代經典及現代名著，乃是眞正的文化菁華所在。」

這些經典在一定程度上代表西方文明發展的軌跡，故而他爲大學擬訂了從柏拉圖的《理想國》，以至愛因斯坦的《相對論》，構成著名的「大學百本經典名著課程」。成爲大學通識教育課程的典範。

歷代經典．當今名著，超越了時空，價值永恆。五南跟業界一樣，過去已偶有引進，但都未系統化的完整舖陳。我們決心投入巨資，有計畫的系統梳選，成立「經典名著文庫」，希望收入古今中外思想性的、充滿睿智與獨見的經典、名著，包括：

- 歷經千百年的時間洗禮，依然耀明的著作。遠溯二千三百年前，亞里斯多德的《尼各馬科倫理學》、柏拉圖的《理想國》，還有奧古斯丁的《懺悔錄》。
- 聲震寰宇、澤流遐裔的著作。西方哲學不用說，東方哲學中，我國的孔孟、老莊哲學，古印度毗耶娑（Vyāsa）的《薄伽梵歌》、日本鈴木大拙的《禪與心理分析》，都不缺漏。
- 成就一家之言，獨領風騷之名著。諸如伽森狄（Pierre Gassendi）與笛卡兒論戰的《對笛卡兒沉思錄的詰難》、達爾文（Darwin）的《物種起源》、米塞斯（Mises）的《人的行爲》，以至當今印度獲得諾貝爾經濟學獎阿馬蒂亞・森（Amartya Sen）的《貧困與饑荒》，及法國當代的哲學家及漢學家余蓮（François Jullien）的《功效論》。

梳選的書目已超過七百種，初期計劃首爲三百種。先從思想性的經典開始，漸次及於專業性的論著。「江山代有才人出，各領風騷數百年」，這是一項理想性的、永續性的巨大出版工程。不在意讀者的眾寡，只考慮它的學術價值，力求完整展現先哲思想的軌跡。雖然不符合商業經營模式的考量，但只要能爲知識界開啓一片智慧之窗，營造一座百花綻放的世界文明公園，任君遨遊、取菁吸蜜、嘉惠學子，於願足矣！

最後，要感謝學界的支持與熱心參與。擔任「學術評議」的專家，義務的提供建言；各書「導讀」的撰寫者，不計代價地導引讀者進入堂奧；而著譯者日以繼夜，伏案疾書，更是辛苦，感謝你們。也期待熱心文化傳承的智者參與耕耘，共同經營這座「世界文明公園」。如能得到廣大讀者的共鳴與滋潤，那麼經典永恆，名著常在。就不是夢想了！

二〇一七年八月一日 於

五南圖書出版公司

導讀

「協和萬邦」（*Universitas Hominum*, Human Community）的世界帝國——今日歐洲聯盟的前驅

台灣大學政治學系教授 陳思賢

但丁最有名的著作《神曲》，含義甚廣、包納萬千，是一部兼具文學、宗教、政治與哲學的作品。而本書《世界帝國》則是他純粹的政治思想作品。但是從著書目的來說，這是一本特別、甚至有些令人猜不透的書。因爲全書有三卷，第一卷闡明人類全體應該形成一個「世界帝國」的重要性；第二卷企圖說明當初羅馬帝國乃是順天應人、具有正當性與天命的「世界帝國」；第三卷則論述羅馬帝國君主的權威直接來自上帝而非教宗，因此不須受教會干涉。而這三卷的主旨卻都可以各自獨立，好似互不相屬。但深究之下，其書之論題應只有二端：一、

歐洲應該在一個統一帝國之下（羅馬乃是最好的例子，且其有天命）；二、教皇不應干涉羅馬君王。

因此歷來大家對本書寫作宗旨的解讀不同，讀者的看法總共有三類。第一類認爲最重要的乃是第三卷，前兩卷都是爲此而鋪陳，也就是說本書目的在於對歐洲長期存在的政教衝突紛爭發言，但丁出面捍衛皇帝的獨立權力（也難怪後來本書被教廷查禁）。而這就成爲日後「伊拉斯主義」（Erastianism）——意即「一塊土地上最終與最高的權力乃在於政府，其他任何性質的機制與組織，包括教會與教會事務在內，都需服從政治權力」——之前驅，或至少是掃除了主要障礙。

但也有人認爲本書旨在探析歐洲歷史上最重要的兩個事件間的關係：就是第一世紀時羅馬帝國之成立與基督教的興起。羅馬靠不斷戰爭與征服而成爲帝國，這是因著武力而形成的「世界政體」。我們該如何看待其本質與歷史功過？論者認爲但丁在此書中大力歌頌羅馬帝國征服歐洲其他民族的正當性與一統天下之功業，因此羅馬帝國就成爲了「世界帝國」的範型，自然也符合了本書書名之旨趣。所以，本書就是在討論羅馬，而羅馬就是歷來絕無僅有的「世界帝國」。正因爲羅馬乃是「世界帝國」，所以基督教才得以被認可爲普世宗教，也才得以發展成爲普世教會。

但是，從近代民族國家形成後，彼此間戰事頻仍。因而在紛擾世局下的讀者眼中看來，第一卷所闡揚的「世界一家」觀念似乎才是本書最大的特色之所在；諸歐洲民族間如果能夠有永久和平，則文明庶幾可獲得最佳之發展，個人生活亦臻幸福。所以對於第三類讀者來說，但丁在本書的寫作上，只有一個宗旨：這個世界（其實是指當時的歐洲）應該只有一個國家、一個政府，邦國併立的情況不應出現。所以，但丁可以說是今日歐盟或是歐洲共同體思想的近代始祖。他們認爲但丁將書名訂爲《論世界帝國》，他就是很明顯地要向世人倡議這個體制。

當然有人可能會認爲，本書三卷各自的論題也可以連結起來看，形成一個「完整連貫」的主旨：「世界帝國」是好的，羅馬是歷史上曾出現過的「世界帝國」範例，而羅馬教皇不應該干涉羅馬帝王的施政。如果這樣看，這三個論點會形成一個邏輯上的接續：因爲「世界帝國」是好的，現在並沒有「世界帝國」，若現在或爾後出現任何的「世界帝國」，羅馬教皇不應干涉其帝王。但丁所處的時期是神聖羅馬帝國，然它跟但丁所謂的「世界帝國」相去甚遠，毫無羅馬之規格與氣勢。所以這種「完整連貫」式的解讀，在神聖羅馬帝國轄下之時代並無意義，因爲沒有現實的指涉。

所以我們現在回到嘗試分析先前提到的三類解讀。如果但丁在本書中最想要說的是第一類解讀的「教廷不應干政」，則首先要實際出現一個「世界帝國」才有意義；如果是第二類解讀所謂的爲羅馬帝國的征服與兼併合理化，則雖然確屬事實，但此目的必須臣屬於一個先決條件：那就是「世界帝國」是好的。至此，我們可以從邏輯上得出，但丁此書最重要的宗旨乃是宣說人類最佳的政治生活方式，是成立一個「世界帝國」（若其苟能成立，教宗不應干涉其君主）。這也是爲何但丁（在當時封建邦國林立、民族國家隱然要出現之際）要把這個「新政治概念」作爲書名了。

現在我們來試著檢討「世界帝國」這個概念本身。用最簡短的話來描述，但丁認爲「世界帝國」之可欲在於：「世界帝國」帶來和平（羅馬成就的乃是*Pax Romana*—Roman Peace），而和平帶來文明發展，因此人類需要統一（意即帝國）與和平。我們來看看但丁讚美「世界帝國」的若干話語：「世界君主」的意志最純正，「世界君主」的統治是把正義擺在最首要的位置，「有了他，正義就發揮或者能夠發揮最大的威力」，「而且，在世界君主的統治下生活是最自由的」，「由此可見，這世界爲了獲得幸福，就有必要建立一個一統的世界政體」。

第一卷有十六章，其中但丁用了十一章來宣說「世界帝國」的種種優點。（前四章是爲此概念鋪路，最後一章則是說它是相應於基督教的天啓觀而生的，也就是耶穌唯有在被一個合法合理的普世帝國處決後，他才能爲普世的人類贖罪，爲人類提供救贖。）這十一章滿滿地都是闡明「世界帝國」之治對於人的正義、理性與自由的幫助，達到人類充分發展智性、獲取幸福之願望的實現。然而有一個問題是但丁全書從頭到尾沒有詳細討論的：「世界帝國」雖好，但是如何可出現？「世界帝國」無疑是需要透過赤裸裸地武力征服、強行兼併來達成，因爲沒有一個民族會願意自動投降、曲意歸順的。孔子所謂的「遠人不服，修文德以來之，既來之則安之」這樣的理想情境固然令人動容，可是睽諸歷史，自動歸順並解消自己的國家而納入他國版圖與統治中，這樣的事情鮮少發生，頂多是成爲附庸國，或結盟尋求庇護關係（即使今日的歐盟European Union，究其實質，也絕不符「帝國」的精神，而是成員以「國家」爲單位加入的「聯盟」而已）。

本書的第一卷旨在宣揚「世界帝國」的優點，固然沒有討論到這個問題，但

第二卷是關於歷史上唯一曾經出現的「世界帝國」——羅馬，所以此處應是但丁討論這個問題的理想脈絡了，而但丁卻只用「根據神的旨意，羅馬人在爭奪世界統治權的競賽中占了上風」這樣的含糊其辭帶過去（但丁說，耶穌一生從頭到尾都承認羅馬的正當性：「讓凱撒的歸凱撒」；自願接受被帝國總督釘死在十字架時也說：「這事就成了」）。但丁要說的是，羅馬的諸多征服戰役能夠獲勝，乃因羅馬人是高貴的民族，是上帝選定的人間統治者。這樣的解釋有兩個缺點：第一，這是事後的敘述，難免淪後見之明或是欲合理化之嫌；第二，既是高貴的受選民族，又爲何稍後羅馬會亡於蠻族？

我們來看看落實「世界帝國」此一概念的眞相。在歷史上，歐洲每一個民族都想要複製羅馬經驗，要成爲第二個羅馬民族，繼承其一統天下之榮耀。拿破崙試過，希特勒也試過，都失敗了。在他們嘗試的過程中，帶來了戰爭與殺戮，死人無數。我們不禁要問：造就「世界帝國」之後所帶來的和平與要成就「世界帝國」之前所需要的殺戮，孰輕孰重？羅馬之後，「世界帝國」從未出現過，但是嘗試創造「世界帝國」的野心卻從未停止；所以也許在下一個「世界帝國」眞正出現前，人類所付出的慘痛代價已經超過這個理想所帶來的價值了。

另一個實際會面臨的問題是：「世界帝國」的治理問題。固然，今世各民族之間互相不服，沒有人會認爲哪一個民族是上天的「選民」，受天命來征服並治理其他民族；即使是如歐盟般「『共組』世界帝國」（如前述，歐盟只是此理念的粗略投射而已，本質上還差一大步），則此「世界政府」如何組成與運作？可能還是會有大哥與小弟，民族之間的猜忌與隔閡完全消除之前，「世界政府」內的權力之爭恐怕不會像但丁僅用不世出的「世界君王」一詞即加以解決。以現代民族國家言，一國之內的政治即已紛擾不休，意識形態分裂，伐異黨同、彼此攻訐；若是各民族聯合組成單一政府，其困難可以想像。僅以今日的聯合國就可以提供我們一個約略的圖像了。

總結言之，「世界帝國」是一個光輝的理念，也是許多政治思想家內心深處的夢想。沒有國界，沒有主權衝突，當然就沒有了戰爭。這個理念本身沒有問題，理論上幾乎無懈可擊，但是實行上困難重重，甚至代價會比效用高。

目次

卷二　羅馬憑公理一統天下

卷三　塵世的君主統治權直接由上帝賜予而非來自羅馬教皇

卷一　人類需要統一與和平

一

有關為人類創立一統的塵世政體的知識是極其重要的，然而，這方面的探討卻極為罕見[1]。

但凡具有靈性因而熱愛眞理的人，顯然都會十分熱心於造福後代。爲了報答祖先不辭勞苦給他們遺留的財產，他們也要爲後代留財富。一個人身受社會的教益卻對爲社會謀福利漠不關心，根本不能算他盡到本分，因爲那樣他就不是「一棵樹栽在溪水旁，按時候結果」[2]，而是一個呑沒一切的大漩渦，只見吸進，不見吐出。我往往以這些事理提醒自己，免得別人指責自己甘願埋沒才具；因此，我不僅力求對社會多作貢獻，而且要揭示他人沒有探索過的眞理，從而獲得成果。如果只是再證明一遍歐幾里得（Euclid）[3]的幾何定理，或者試圖像亞里斯多德（Aristotle）[4]那樣向人類指明其眞正幸福，或者學西塞羅（Cicero）[5]的樣子，爲老年人進行辯護，那算什麼成果呢？這等於多餘的「勞動」，除了叫人討厭，還能有什麼結果？

在那些雖然有用但仍未揭示出來的眞理當中，關於一統天下的塵世政體的知識最爲有用，但也最不爲人所知。不過這種知識既然不是直接有利可圖，大家也就不大留意了。因此，我擬把它發掘出來，好使我的才智能有益於世，並由於我在這方面建立頭功而使我增光。我所從事的是一項艱巨的任務，斷非我力所能及；但我並不是靠自己的能力，而是信賴那智慧的賜予者；他對世人慷慨恩賜，而不求全責備。

【1】各卷及各章的標題均為英譯者所加。

【2】見基督教《聖經》中的《舊約全書詩篇》第一篇，第三節（此書註腳除說明為「英譯者注」外，均為中譯者注）。

【3】歐幾里得——西元前三世紀的古希臘數學家。

【4】亞里斯多德（西元前三八四—前三二二）——古希臘哲學家。

【5】西塞羅（西元前一〇六—前四三）——古羅馬雄辯家、哲學家。

二

由於這個理論本身是一門致用之學，它最重要的原理就是人類文明的目的；這一目的必須是一切文明的同一目的。

首先，我們必須弄清楚一統天下的塵世政體的含義，它的性質和目的。我們所謂的一統天下的塵世政體或囊括四海的帝國，指的是一個一統的政體。這個政體統治著生存在有恆之中的所有人，亦即統治著或寓形於一切可用時間加以衡量的事物中。關於這個論題，有三個主要疑義需要加以考察：首先，我們必須探討，爲了給塵世帶來幸福，是否有必要建立這樣一個政體；其次，羅馬人是否有權執掌這一政務；再者，這個政體的權威是直接來自上帝，還是有賴於上帝的某一僕人或代理人？

凡是本身不是原理的眞理，其實都可以證明是出自某一原理，因此，在探究之際，必須弄清楚從屬命題的必然性是從什麼原理分析引申出來的。同時，本文既是一篇探討性文章，我們也必須首先探索原理，因爲從屬命題就是根據原理的正確性而引申出來的。

這裡我們必須記住，有些事物我們完全無法控制；對於它們，諸如數學、物理學和神學，我們只能作一些推論，除此就無能爲力了。另外有些事物則爲我們所控制，我們對之不僅可作推論而且可以實踐。在後一種情況下，行動不是爲了思想，相反地，思想卻是爲了行動，因爲在這類事情上，行動就是目的。由於我們目前所探討的是政治，是一切維護正義的政治之源泉與原理，又由於一切政治事務都處於我們的控制之下，那麼很顯然，我們目前要探討的主要不是思想而是行動。此外，由於在行動方面，最終目的是一切行動的原理和動因——這是因爲行爲者首先是由最終目的所推動的，所以爲了達到這一目的而行動的任何理由，都必須來源於此一目的。譬如木材鋸成什麼樣子，可因蓋房子或造船而有所不同。那麼，不管人類文明的普遍目的是什麼，只要存在這樣一個目的，它就是最重要的原理，並能充分說明由之而引申出來的一切命題。因此，如果承認某種文明有一目的，另一種文明又有另一目的，而不承認一切文明有同一目的，那就未免太愚蠢可笑。

三

現在可以證明這一目的是實現人類發展智力的能力。

因此，我們現在必須認清整個人類文明的目的是什麼；正如先哲在他的《倫理學》[6]中所說的那樣，弄清楚這一目的，我們的任務就算是完成一半了。爲了給我們這一探索提供證據，我們應該注意到，正如大自然創造大拇指有一目的，創造手掌則有另一目的，創造手臂又有一目的，而創造整個人體又有與以上部分不同的目的；同樣地，一個人有一目的，一個家庭、一個地區、一個城市、一個國家，也各有其目的；最後還有一個適用於全人類的目的，那是出自永恆的上帝之手，亦即是由大自然所創立。我們現在就是要找出這一目的，作爲我們探討問題的指導原理。在這方面我們應該明瞭，上帝與大自然創造萬物是不會枉費心力的，凡所創造都各具其功能。因爲任何創造行爲，如果眞有創造性，則不僅要創造出某物，而且要賦予此物以正當的功能。因此，正當的功能不是因行使功能的某物才產生的，而是某物因它具備了這一功能才被創造出來。所以，作爲有組織的民眾而言，整個人類也有其正當的功能，這一功能不是任何個人、家庭、地區、城市或國家所具備的。這一功能究竟是什麼？只要我們弄清人類的基本能力，那也就清楚了。這裡我想申明，不論是何種能力，如果它是為若干不同物種所共有，它就不可能成為其中某一物種的基本能力，因為說明某一物種的特點的基本能力，不可能同時是許多物種的基本能力。由此看來，人的基本能力並不是指單純的存在，因為存在是人和一切元素共有的狀態；也不是指人是由元素化合而成的，因為礦物也是化合物；也不是指有生命，因為植物也有生命；也不是指有感應能力，因為其他一切動物都有感應能力。我這裡指的是對於智力發展所具有的感應能力，因為不論在高於或低於人類的萬物身上，都不曾發現這一特點。固然，天使與人類都同具智力，但天使的智力是不會發展的。天使的存在本身就是智力的體現，所以他們的智力是永恆的，否則他們就不可能永恆不變。因此，人類的基本能力顯然是具有發展智力的潛力或能力。既然這種能力不可能在單一個人或上述的任何一個人類集體中完全獲得實現，那麼在人類之中，必然有一

[6] 指亞里斯多德及其《尼各馬可倫理學》（*Nicomachean Ethics*）：此書也譯為《倫理學》。

部分人能通過他們本身來實現這全部能力。這正如在造物之中，必然有一部分造物充分體現原始物質的全部能力一樣，否則，這種能力就得在原始物質之外存在著，而這是不可能的。阿維羅伊（Averroes）[7]對《論靈魂》（*De Anima*）[8]一書的注疏正好與上述觀點不謀而合。我所說的這種智慧，不僅針對普遍概念或物種，而且還擴展到個別概念上去。因此，人們說，思辨智力的擴展就是實踐，並由此而達到行動和創造的目的。我把行動方面和創造方面區分開來，因前者是受政治的深謀遠慮所支配的，而後者則受技藝所支配，但二者都是思辨智力的擴展，思辨智力是最高級的功能，至善的上帝爲了發揮這一功能而創造了人類。以上我們已經闡明了《政治學》（*Politics*）[9]中的那句名言，即具有智力的強者生而治人。

四

達到這一目標的最好方法是實現世界和平。

我已經清楚地闡明：人類作爲一個整體而言，它的本分工作是不斷行使其智力發展的全部能力，這首先是在理論方面，其次則在由理論發展而成的實踐方面。既然部分是整體的樣品，既然個人感到在寧靜的環境裡思慮更加周詳，處事更加明智，那麼，人類顯然也是只有身處安定的太平時代，才能輕鬆自如地進行工作。人類的工作是近乎神聖的；「你創造他僅次於天使」[10]。顯然，上帝爲了造福世人曾做了種種安排，而在這種種安排之中，世界和平是頭等大事。因此上

【7】阿維羅伊（西元一一二六—一一九八）——西班牙哲學家、法學家、物理學家，對亞里斯多德的著作做出大量注疏，對傳播亞里斯多德的哲學思想有所貢獻。

【8】《論靈魂》為亞里斯多德所著。

【9】指亞里斯多德所著的《政治學》。

【10】《舊約全書詩篇》第八篇，第五節。

帝說，天上傳給牧羊人的福音不是財富，不是享樂，不是榮譽，不是長壽，不是健康，不是力量，也不是美貌，而是和平。因爲天使們宣告：「在至高之處榮耀歸與上帝，在地上平安歸與他所喜悅的人」[11]，而「願你有和平」[12]也是救世主的祝辭；因爲至高無上的救世主發出至高無上的祝辭，那是非常恰當的。他的門徒都很注意經常使用這一祝辭；很顯然，保羅就是這樣做的，這一點想必人人都是很清楚的。

以上所述表明人類要完成本分工作所必須遵循的那條較好的，甚至是最好的道路；因此，這同樣表明我們必須立即走上這條道路，那就是世界和平的道路，以求達到我們全部工作的最終目的。這就是我們的基本原理，如前所述，它是構成我們以下一切論點的基礎，它也是擺在我們面前的一個標準，可以用來檢驗我們試圖證明的眞理。

五

為了造就普天下的幸福，有必要建立一個一統的世界政體。

關於一統天下的塵世政體，一般也稱作帝國，我開始時說過，有三個主要疑義必須提出來加以探討。這三個疑義，我也說過，我準備按次序逐一討論。第一個疑義是，爲了給塵世帶來幸福，是否有必要建立一個一統的塵世政體。從來也沒有人提出過有分量的論點或典據以否定這種必要性；相反地，肯定這一必要性的論點卻是十分明確有力。最早的論點見於《政治學》，具有先哲的權威。在書中，這位可敬的權威指出，每當幾個物體結成一體，其中必有一個起調節和支配的作用，其餘則服從調節和服從支配。這一點看來是可信的，因爲這不僅憑藉作者英名的威力而成立，而且也是根據歸納推理所得的結論。試以單一個人爲例，

【11】見基督教《聖經》中的《新約全書路加福音》第二章，第十四節。

【12】同上第十章，第五節。

這一論點的正確性在他身上就能充分體現；因爲即使他傾全力追求幸福，但如果他的智慧起不了支配和指導其他能力的作用，他也不可能獲得幸福。又譬如一個家庭的目的是要讓家庭成員生活舒適，其中必須有一個人起調節和支配的作用，我們稱之爲家長，不然，也得有個相當於家長的人。先哲亞里斯多德說：「每個家庭以最年長者爲主。」荷馬（Homer）[13]也說過：支配整個家族和訂出家規就是這一家之主的職責。因此，那句咒罵人的諺語說：「但願你家裡出了個跟你分庭抗禮的人！」再譬如一個地區，它的目的是在人力和物力方面起相互協助的作用。這裡必須有一個人出來管轄他人，這個人或者由大家推舉，或者是眾人樂意擁戴的傑出人物。否則，這個地區不僅不能提供內部的互相協助，反而常常因爲爭權奪勢而導致整個地區的毀滅。同理，一個城市的目的是安居樂業、自給自足，那麼，不管這個城市的市政是健全還是腐敗，這個城市必須有一個一統的政體。否則，不僅公民的生活達不到其目標，連城市也不成其爲城市了。最後，不妨以一個國家或王國爲例，它的目的與城市相同，只是維護和平的責任更重。它必須有一個單一的政府實行統治和執政，否則國家的目的就難以達到，甚至國家本身也會解體，正如那個放諸四海皆準的眞理所說：「一個內部互相攻訐的王國必遭毀滅。」因此，如果這些情況確實符合有著統一目標的個人和特定地區，那麼，我們前面的立論就必然是正確的。上述已經證明整個人類註定只有一個目的，因而人類就應該實行獨一無二的統治和建立獨一無二的政府，而且這種權力應稱爲君主或帝王。由此可見，爲了給塵世帶來幸福，一統的政體或帝國是必要的。

【13】荷馬（西元前一〇世紀—前八世紀之間）——相傳為古希臘史詩《伊利亞德》（*Iliad*）和《奧德賽》（*Odyssey*）的作者。

六

無論何種機構都需要統一治理，因此，從整體的角度來看，人類必然也需要統一治理。

部分與整體之間的關係，亦即該部分的結構與整體結構之間的關係。但是部分與整體之間的關係，也就是該部分與其目的或最大利益之間的關係。因此，我們必然要得出這樣的結論：部分結構的利益不能超過整體結構的利益，反而是後者必須超過前者。既然事物有雙重結構——即聯繫著部分與部分的結構，和聯繫著部分與整體的結構，這有如在軍隊裡，士兵與士兵有聯繫，而士兵又與他們的司令官有聯繫——那麼統一各個部分的結構就比其他結構優越，因爲它正是後者要達到的目的。因此，部分之間的聯繫就爲著統一的結構才存在，而非本末倒置。如果說，在人類的局部聯繫中存在這種結構形式，那麼按照上述的三段論法，在整個人類社會中就更應該存在這種結構形式，因爲整體結構或其形式的利益超過局部結構的利益。但是，我們在前一章已經詳細闡明，人類社會的各個部分都有這種統一的結構，因此，作爲整體的人類也有或者應該有這種統一的結構。正如我們所闡明的那樣，作爲國家的某些部分的社會組織以及國家本身，應該組成一個結構，這個結構應由一個統治者或政府來統一，因此，這就必然要有一個單一的世界君主或世界統治機構。

七

塵世政體不過是那與上帝相結合的單一世界政體的一個部分。

進一步看，人類社會，就其組成部分而言，是一個整體，但它本身則是另一整體的一個部分。因爲如前所述，人類社會是由各個國家和民族組成的整體，但顯而易見，它不過是整個宇宙的一部分。因此，正如只有作爲人類社會的一部分，一個社會的各個從屬部分才得以秩序井然，同樣地，人類社會自身也必須適應全宇宙的秩序。但是人類社會的各個部分只是根據一統的原則才會秩序井然（這是以上的論述所證明的），因此，人類社會自身也必須根據一統的原則才得以秩序井然，即得力於它的統治者——起絕對一統天下作用的上帝。因此，我們的結論是：爲了給塵世帶來幸福，一個一統的世界政體是必要的。

八

人類本來就是按照上帝的形象創造出來的，所以也應該像上帝那樣是個統一體。

事物如按其原創始人——即上帝的意旨發展，就會處於各自的最佳狀態；這一點除了否認神的美德能達到盡美盡善的那些人以外，在一般人看來是非常明顯的。

按照上帝的意旨，所造物一經造就，就要盡其本性之所能，以體現神的形象，這就是《聖經》中所說的：「我們要照著我們的形象，照著我們的樣式造人。」[14]雖然我們不能說低於人類的造物體現了神的「形象」，但我們能說一切造物都與神有「相像」之處，因爲整個宇宙無非是神的美德之體現。所以人類只

【14】《舊約全書創世記》第一章，第二十六節。

有盡其所能與上帝相像，才能處於最佳狀態，而人類又只有達到完全統一才接近上帝的形象，因爲統一的眞正基礎就是上帝本身。且看《聖經》是這樣寫的：「以色列啊，你要聽：耶和華我們上帝是唯一的主。」[15]然而人類只有結合成一個統一體才算是全面統一；不言而喻，只有整個人類服從一個統一的政體，才有可能全面統一。因此，正如本章一開始所表明的那樣，人類服從一個一統的政體，就能與上帝的形象最接近，它的存在也最接近神的意旨，而這意旨就是要人類幸福地生活。

九

君臨天國的是一位獨一無二的創始人——上帝；而人類只有以天國和天父為榜樣，才能處於最佳狀態。

同樣地，一個小孩只有盡其本性之所能，亦步亦趨地模仿他完美的父親，他才能成爲一個可愛的、完美的孩子。既然按照《物理學》（*Physics*）作者[16]的說法：「人是由人和陽光繁殖的」[17]，那麼人類就是天國之子，而天國的一切則是盡善盡美的。因此人類也只有盡其本性之所能，亦步亦趨地模仿上帝才能處於最佳狀態。獨一無二的運動，即原動力，和獨一無二的創始人，即上帝，統治著整個天國的一切、所有運動和動力，因此，只有人類的所有動力和運動服從唯一

[15]《舊約全書申命記》第六章，第四節。

[16] 亞里斯多德。

[17]《物理學》II. 2, 11。——英譯者

的動力（即政體）和唯一的運動（即法治），人類才能處於最佳狀態。人們正確運用三段論法進行哲學思考，那就很容易看出這個道理。因此，爲了給塵世帶來幸福，看來有必要建立世界政體，也就是稱爲帝國的那個一統的政權。波愛修斯（Boethius）[18]受到這種推理的啓示，寫道：

「倘若塵世如天國，世人心中充滿愛，啊，人類該有多幸福！」[19]

十

塵世政體如不從屬於最高法庭，則不可能健全。

凡是可能出現爭執的地方，就必然有裁判。否則，沒有自己進行調整或懲治的手段，事物就不會完善。而這當然是不可能的，因爲存在於萬物之中的上帝或造物主是沒有缺陷的。在兩個彼此不相隸屬的政體之間，可能由於本身的或其臣民的過錯而發生爭執，這是很顯然的。因此，在它們之間就需要進行裁判。它們互不隸屬（因爲大家都處在同等的地位也就不存在權威），互不瞭解，所以必須有一個第三者，必須有一種更廣泛的權力，能在其司法權限內管轄這二者。這第三種權力要嘛是世界政權，要嘛不是。如果是，那我們已經有了結論；如果不

【18】波愛修斯（約西元四八〇—五二四）——古羅馬時代文人，獄中著有《哲學的慰藉》；此外有數學、音樂方面的著作。

【19】《哲學的慰藉》（*On the Consolation of Philosophy*）II. 8。——英譯者

是，那必然會在其司法權限之外遇到對等的權力；這時候它又需要第三者進行裁判，如此循環，永無止境，這當然是不可能的。因此，我們就必然需要有一個最高的首席法官，他可以直接地或間接地裁判一切爭執，這就是我們的世界統治者，即帝王。因此，就有必要在這世界上建立一個世界政體。先哲亞里斯多德看到了這一點，他說：「事情最怕的是亂，而權威多了就會亂，因此，權威應是獨一無二的。」【20】

十一

世界政體利於使貪欲減至最小程度，使正義的威力獲得最大發揮。

一旦正義成爲塵世的最大威力，世界就有最良好的秩序。因此，維吉爾（Virgil）[21]爲了歌頌當時行將興起的一個新時代，曾在他的《牧歌集》（*Bucolics*）中唱道：

「貞女和農神王朝終於再現。」

所謂「貞女」，指的是正義，這正義有時被稱爲「明星」。所謂「農神王朝」，指的是最理想的時代，這時代有時被稱爲「黃金時代」。在一元化的政體

[20] 亞里斯多德引用荷馬：《伊利亞德》II. 204，見《形上學》（*Metaphysics*）XI. 10。——英譯者

[21] 維吉爾（西元前七〇—前一九）——古羅馬詩人。

下的威力最大，因此，要獲得最良好的世界秩序，就需要建立世界政體，即世界帝國。爲了使這個小前提更加明確，我們不妨再強調一下：正義的本意可以說是正直或不偏不倚，因此，像白色一樣，抽象的正義是沒有程度上的差別的。《六法則全書》（*Book of the Six Principles*）的作者[22]說得對：有些形式屬於這一類，它們可以加入各種合成體之中，但其本身仍然是單一的、不變的。然而，如果它們「或多或少地」受到了限制，我們就知道這種限制來自與它們混合的異物，而這些異物又全有某些或多或少是不可調和的混合物。因此，就意向和行動而言，加入正義之中的不可調和的混合物最少時，正義也就最有力量。屆時，先哲亞里斯多德所說的「貞女勝似啓明星」[23]這句話才適用於正義，因爲，她好比是月亮，在拂曉時分與其兄弟太陽恬然交相輝映。就意向而言，正義常常受到意志的干擾。如果在伸張正義之前，意志沒有完全擺脫貪欲，那麼正義就會失去它純正的光輝，因爲它攙進了異物，不管異物的分量多麼微小。因此，企圖左右法官意見的人都要被判刑，這也是理所當然的。就行動而言，正義要受到人的能力的限制。因爲正義是一種能激發他人情感的美德；如果一個人不能公平待人，那他怎麼能有公正的表現呢？因此，一個公正的人擁有的權力越大，正義的威力就越能充分發揮。

所以，根據這一命題，我們可以提出如下的主張：正義只有體現在最自覺、自願和最有能力的人身上，才能在全世界發揮最大的威力，而唯一具備這種條件的人就是世界君主。因此，正義只有完完全全體現在世界君主身上，才會在世界上發揮最大的威力。這種複合的三段論法的第二圖式必然是否定式的：

全部乙等於甲
唯獨丙等於甲
唯獨丙等於乙

或

全部乙等於甲
非丙不等於甲
非丙不等於乙【24】

【22】吉爾伯特•波列塔努斯（Gilbertus Porretanus）。——英譯者

【23】《倫理學》V. I.。——英譯者

【24】根據上下文中譯者認為這個圖式可作如下解釋：

正義體現爲最有力量的人
唯有世界君主最有力量
唯有世界君主體現正義

或

正義體現爲最有力量的人
任何非世界君主不可能最有力量
任何非世界君主不可能體現正義

如前所述，大前提是很明白的；而小前提則可從以下方面加以論證：首先從意志方面，然後從能力方面。作爲第一方面的論據，我們必須看到，貪欲是正義的極端對立物，關於這一點，亞里斯多德在他的《倫理學》第五卷中早已指出。如果擺脫了貪欲，那麼意志中就不復存在正義的對立物了。這位先哲認爲，凡是法律能解決的，就不必訴諸法官。先哲的這種看法顯然是出於對貪欲的戒心，因爲貪欲特別容易蠱惑人心。所以，只要是無所不有，貪欲也就不復存在，因爲對象消失了，欲念也就不可能存在。一個一統天下的君主就無所不有，因爲他的權限是以海洋爲界，其他王國都是以鄰國爲界，就談不上這一點，例如卡斯提亞王國國王的領土以亞拉岡王國國王的領土爲界。因此，我們可以說，在那包含著正義的世俗意志之中，世界君主的意志是最純正的。此外，貪欲無論怎樣微小，總要遮掩正義的光輝，而仁愛或熱衷於正義卻能使正義發揚光大。因此，什麼人最熱衷於正義，他就能把正義擺在最首要的地位。世界君主就是這樣的人，有了他，正義就會發揮或者能夠發揮最大的威力。熱衷於正義確實起了上述的作用，這可以證明如下：貪欲無視人類本身而追求他物；仁愛卻無視其他一切而追求上帝與人類，因而必然追求人類的利益。如前所述，人類最高利益是安居樂業，正義則是這一利益主要的和最有力的推動者，而仁愛又是正義的主要推動者——越是仁愛就越富有正義感。在世界上的一切人之中，唯獨那世界君主最富有正義感，對於這一點，我們可以闡明如下：如果我們喜愛某物，那麼它越是我們的切身之物，我們就越喜愛它；而人們對那世界君主而言，比對其他君主更爲切身，因此，那世界君主也最愛他們，或者說，應該最愛他們。但凡考慮過事物的被動性和主動性的人，對這個大前提是看得很清楚的。小前提則可從以下事實推出：人們與其他君主只有部分的關係，而與那世界君主則是息息相關的。再說，人們是透過那世界君主才得以與其他君主相接近，事實就是如此，而不是相反。因此一切人都是那世界君主首要的和直接的關懷對象，而其他君主關懷他們則只能透過那世界君主；其他君主的關懷也是從那世界君主的最高關懷中派生出來的。此外，一個原因越具有普遍性，它就越顯得眞實，因爲次要原因都是透過主要原因起作用的，這在《四因論》（*De Causis*）[25]一書中有所闡述；而一個原因越是眞實，它就越有可能產生效果，正因爲這樣，原因才成其爲原因。如上所述，既然那世界

[25]《四因論》為亞里斯多德所著。

君主在世人之中是幸福的最廣泛的根源，而其他君主也只有透過他才能如此，因此他最熱衷於爲人類造福。

其次是關於伸張正義的能力（而不是意志），如果誰明瞭這個詞的含義，他怎麼還會懷疑那世界君主是否具備這種能力呢？既然他是統治一切的，他也就不可能有敵人了。小前提現在已經十分清楚，結論看來也是肯定的，也就是說這世界爲了獲得幸福就必須建立一個一統的政體。

十二

只有服從理性，只有全心全意為實現人類的目標而奮鬥，人類才有自由。這樣的自由只有在世界政治機構的治理下，才有實現的可能。

人類一旦獲得充分的自由，就能處於最佳狀態。如果我們領會了自由的原則，這一點也就清楚了。我們必須認識到，自由的基本原則是有選擇的自由，這一點許多人都掛在嘴邊，但很少有人放在心上。他們只會說，選擇的自由就是判斷事理時的意志自由。這種說法是對的，但是他們並不理解它的含義。他們說話的口吻很像我們的邏輯學家，後者爲了運用邏輯推理而不斷援引某些命題，譬如「三角形的三角之和等於兩直角」。因此，我必須說明，判斷力往往介於理解與欲念之間。對於某一事物，首先是理解，理解之後再判斷好壞，判斷之後才決定取捨。因此，如果判斷力能完全控制欲念，絲毫不受欲念的影響，那它就是自由的；如果欲念設法先入爲主，影響了判斷力，那麼，這種判斷力就不是自由的，因爲它身不由己，被俘虜了。正是這個緣故，低等動物不可能有自由的判斷力，因爲它們的欲念總是先於判斷力。這也說明爲什麼意志堅定的智者以及那些蒙受天恩而超凡脫俗的精靈並沒有失去判斷力的自由；他們能完美地保持它和使用它，儘管他們的意志固定不變。

如果我們領會這個原則，我們就能理解爲什麼這種自由——我們一切自由的原則——是上帝對人類的最大恩賜（我在《天堂》中也是這樣說的）[26]，因爲這種自由能使我們感到在塵世作爲人是幸福的，在天國則作爲神也同樣幸福。如果這一切都是事實，那麼誰能否認人類一旦充分運用這一原則，就能生活得最美好？

然而，在世界君主的統治下生活是最自由的。要理解這一點，我們必須認識到，一如先哲亞里斯多德在論「單一存在」[27]時所說，自由的意思就是爲自己而生存，而不是爲他人而生存。凡是爲他人而生存，就必然要受制於他人所以生存的目的，譬如修路，這路之所以要修，必然取決於它要通往的目的地。因此，只有在世界君主的統治下，人類才能爲自己而生存，而不是爲他人而生存，因爲只有這樣才能制止那些反常的政體，諸如民主制、寡頭制、暴君制。但凡瀏覽過各種政體的歷史之人，都知道這些政體必然要使人類處於奴役狀態，而只有國王、貴族（他們被稱爲「大貴之人」）和保衛人民自由的鬥士才享有統治權。如前所述，世界君主最愛人民，因此他希望人人都成爲好人，這是那些倒行逆施的政客所辦不到的。故此，先哲亞里斯多德在他的《政治學》一書中寫道：「在一個反常的政體下，好人成了壞公民；而在順乎民情的政體下，好人就是好公民。」正是這樣，順乎民情的政體以自由爲目的，也就是說，人們是爲自己才存在的。公民不爲他們的代表而存在，百姓也不爲他們的國王而存在；相反地，代表倒是爲了公民而存在，國王也是爲了百姓而存在的。正如建立社會秩序不是爲了制定法律，而制定法律則是爲了建立社會秩序；同理，人們遵守法令，不是爲了立法者，而是立法者爲了他們。關於這個問題，先哲亞里斯多德在其流傳至今的著作中就是這樣說的。因此，我們都很清楚，雖然從施政方面說，公民的代表和國王都是人民的統治者，但從最終目的這方面來說，他們卻是人民的公僕，而世界君

【26】根據但丁此處關於《神曲》（*Divina Commedia*）的第一部《天堂》（*Paradiso*）的附言，可確定本文是西元一三一七年以後所作。但多數學者認為此附言是為迷惑後人而在成書以後加上去的。一般接受薄伽丘（Boccaccio）的說法，認為本文作於西元一三一〇—一三一三年間。

【27】見《形上學》I.。——英譯者

主尤其如此，他應該被看作是全人類的公僕。所以我們必須充分認識到，世界政體在制定法律時，它本身就受制於預先確定的目的。因此，只有在一統的君主治理下，人類才能生活得最美好。由此可見，這世界爲了獲得幸福，就有必要建立一個一統的世界政體。

十三

世界政體最利於實現合理的統治。

另一論點是：最善治其身者亦最善於治人。因爲在任何行動中，行爲者的原始動機無論出於其本性或者出於什麼意圖，都是爲了表現自己的意象。因此，行爲者能如此行動也就感到喜悅，人人都是希望自己得以存在，而行爲者就是在行動中表現其存在的，如此，喜悅之情油然而生，因爲想望的事物總是使人喜悅的事物。故此，一個行爲者之所以行動，正是因爲他本來就具備他行爲的對象應該獲具的那種性質。關於這個問題，先哲亞里斯多德在論「單一存在」時說道：「凡是從可能性變成現實性的東西，都是由於某種因素起了作用，這種因素實際上就存在於它要轉變成的那種形式之中；如果行爲者不這樣做，那麼他的作爲就不會有什麼效果。」這麼一來，我們就能克服某些人的錯誤；這些人總是說的比做的好聽，還自以爲能夠改善他人的生活和爲人行事。他們忘記了雅各的手比他的話更有說服力[28]，即使他的話是眞的，他的手也是邪惡的。因此，先哲亞里斯多德在他的《倫理學》中說：「在熱情和行動方面，語言不及事實有說服力。」大衛有罪時，上天是這樣跟他說的：「你爲何妄說我的正義？」這也就是說：「你說的都是虛妄之言，因爲你言行不一。」這一切說明，凡是希望治理他人者，必須先把自己治理好。但是只有世界君主最有資格執掌統治權。這可以證明如下：某一事物在一定的行動過程中，若其本身幾乎不含有什麼阻力，它就最適宜於這種行動。所以，那些從未聽說過正確的哲學推理的人，比起那些早就聽說過但充滿錯誤觀念的人，更容易正確地學會正確的哲學推理法。對於後者，蓋倫（Galen）[29]在論述這個問題時說得好：「這樣的人想獲得學問，必然會事倍功半。」如前所述，既然世界君主無須貪婪，或者說，至少比其他人好得多，同時，既然這是其他君主所不及的，而貪欲本身又是判斷力的強腐蝕劑和正義的阻力，那麼，世界君主就完全地或最大程度地具備統治的資格，因爲他比其他一切人都更善於發揮判斷力和正義的威力。立法者和施政者應該具備這兩種品質，這一點可以證之於那位最神聖的國王[30]，因爲他祈求上帝賜予他作爲國王和王子所必須具備的品質：「上帝啊，求祢將判斷的權柄賜給王，將正義賜給王的兒子。」[31]因此，我們的小前提是成立的，即是說，只有世界君主最有資格執掌統治權。因此，世界君主最善於統治。由此可見，爲了使世界得以大治，有必要建立一個世界政體。

---

[28]《舊約全書創世記》第二十七章。

[29]蓋倫（西元一二九？—一九九）——古希臘醫學家。

[30]指所羅門王。

[31]《舊約全書詩篇》第七十二篇，第一節。

十四

制定了引導全人類走向和平的法律，世界政體就能最有效地領導各個地方政體。

一人能做之事最好由一人去做，而不必由眾多的人去做。這一命題可以這樣論證：假設甲能做某事，並假設甲和乙都能做此事；那麼，既然甲和乙所做的事可由甲一人去做，那乙就等於是無用的，因爲多添了他，比起由甲一人來做並無區別。無用而又多添就是多餘和累贅，這就使上帝或造物主不悅，但凡使上帝或造物主不悅的就是惡（這是不言而喻的）。因此，不僅一人能做之事最好由一人去做而不必由眾多的人去做，而且，由一人去做就是善，由數人去做就是惡了。

另一驗證是：人們認爲事物越是接近其最佳狀態就越好。採取某一行動的目的，就是衡量該行動的價值標準。而該行動由一人完成，也就更接近於目的。因此，這樣做才比較妥當。爲了證明某一行動由一人完成更接近目的，我們不妨假設丙爲目的，甲爲一人的行動，甲和乙爲數人的行動；那麼很顯然，從甲直接通達丙的路線，比通過乙而達到丙要短一些。前面說過，人類應由一個最高的統治者即世界君主來統治。我們在這方面應該很清楚，並不是每一個城市的每一條細微的規章都直接來自世界政體，因爲城市的規章往往並不完善，需要修改，先哲亞里斯多德在《倫理學》一書中讚美衡平法時就加以闡明。民族、國家和城市都各有其內部事務需要制定專門法令。法律無非是指導我們生活的規則。西徐亞（Scythia）[32]人生活在寒帶，白晝與黑夜極不均衡，並且天寒地凍，令人難以忍受，但是他們必須按照他們的方式生活。另一情況是加拉曼特人（Garamantes）生活在赤道上，那裡白晝和黑夜十分均衡，但酷熱使他們無法穿衣服，他們又必須按照另一種方式生活。另一方面，世界政體是在人類共性的基礎上統治人類，並依據一種共同的法律引導全人類走向和平的，我們必須根據這一意義來理解它。地方政體應該接受這種共同的準則或法律，如同在運用中的實際智力從思辨智力接受它的大前提一樣。而且實際智力給大前提加上自身特殊的小前提，然後得出指導其行動的特殊結論。這些基本準則不僅可能來自唯一的源泉，而且必須

【32】西徐亞——位於歐亞之間的古國，西元前二世紀滅亡。

如此，才能避免在普遍原則方面產生混亂。摩西就是按照這個模式制定法律的，他選拔了各部落的首領，把次要的判決權委託給他們，而獨自保留高級的和全面的判決權。各部落首領按照自己的特殊需要運用這些共同準則。因此，人類最好是由一人統治而不由眾多的人統治，亦即由獨一無二的統治者——世界君主——統治。如果這樣比較好，那就能取悅於上帝，因爲上帝總是喜歡比較好的事物。如果只有兩種選擇，那比較好的一種就是最好的一種，這一種不僅取悅於上帝，而且，寧要「一人」而不要「眾多的人」這一選擇本身就最合上帝的心意。由此可見，人類只有在一統的政體下才能生活得最美好，而且爲了給塵世帶來幸福，就必須建立這樣一個政體。

十五

統一為「存在」與「善」的根本。

現在我必須申明，「存在」、「統一」和「善」有一個順序問題，這是按照「順序」的第五種意義即優先權來說的。就其本質而言，存在先於統一，而統一又先於善，因爲只有不折不扣的存在才算是最統一的，而最統一的也就是最善的。因此，存在越不完整就越缺乏統一，也就越缺乏善。根據這個道理，一切事物，凡是最統一的，就是最善的，這一點確實是如此；先哲亞里斯多德在論「單一存在」時就是這樣主張的。由此可見，善的根本含義是單一存在，而惡的根本含義是多頭存在。正如先哲在論「單一存在」時所闡明的那樣，畢達哥拉斯（Pythagoras）[33]在他的相對法中，根據這個道理把統一放在善的一邊，而把多元

【33】畢達哥拉斯（西元前五八〇？—前五〇〇？）——古希臘哲學家。

放在惡的一邊。這樣我們就能看清，所謂惡就是蔑視統一而趨向多元。《聖經・詩篇》的作者對這一點看得很清楚，他說：「你使我心裡快樂，勝過那豐收五穀新酒的人。」[34]因此可以肯定，善之所以爲善，就在於它的統一性。既然協調一致本來就是善，那麼很顯然，協調一致的根源必定具有某種統一性。如果我們考察協調一致的本質和基礎，它的根源就顯而易見了。協調一致是眾多意志的一致行動；從這個定義中我們看到，一致行動是由於意志的聯合，而這種聯合就是協調一致的根源，甚至是它的存在本身。例如，如果許多土塊自動掉落，我們就說這些土塊是「協調一致地」掉落；同樣地，我們也說許多火苗是協調一致地升向四周。如果許多人朝著同一個目標前進，他們的意志在形式上是一致的，也就是說，一致性體現在他們的意志之中，這好比下沉性體現在土塊之中和上浮性體現在火苗之中一樣，那麼，我們可以說這許多人是協調一致的。意志力是一種能力，但意志的形式表現爲理解善的觀念。這種形式像其他任何形式一樣（如靈魂或數字），本身是個統一體，但它在與各種物體的混合中得以繁衍。

記住了這點，我們下面就能繼續論證我們的命題。一切協調都有賴於意志的統一；人類的最佳狀態就體現著某種協調，因爲一個人只有靈魂和軀體相協調了，才算健康，一個家庭、一個城市、一個國家都是如此，所以整個人類也是如此。因此，人類的幸福有賴於人類意志的統一。但是，要做到這一點就必須有同一的統治意志引導其他意志達到統一，因爲世人的意志屈從於誘人的青春歡樂，需要加以引導，先哲亞里斯多德在他的《倫理學》的最後一部分就是這樣教導的。除非有一個一統的君主，他的意志能控制和引導其他一切意志，否則，這樣一種同一的統治意志是不可能存在的。如果以上的論證都能成立，而且事實上是成立的，那麼，爲了達到人類的最佳狀態，世界就需要有一個一統的君主，因而，這世界爲了獲得幸福，也就有必要建立世界政體。

【34】《舊約全書詩篇》第四篇，第七節。

十六

在奧古斯都（Augustus）[35]帝國時代，正當世界和平最大限度地得到實現之際，基督托胎下凡一事證實了這些原理是神聖的；同時，人類在失去那黃金時代以後的災難也同樣可以證實這一點。

難忘的經歷證實了以上論證的合理性。我指的是在聖子爲了拯救人類而托胎下凡時的塵世狀況；這種狀況若非聖子所期望的，就是按照他的意旨安排的。由於人類的始祖犯了原罪[36]而墮落，人類就走上了迷途；如果我們回顧一下自此以來人類世世代代的狀況，我們就會發現，直到神聖的奧古斯都時代才出現了一個完整的和一統的世界政體，天下才得以平定。在他那個時代，人類得享太平盛世，這一點可以證之於各歷史學家、傑出的詩人，甚至於那體現了基督和善精神的福音派人物（聖路加）。最後，聖保羅又把這個極樂時代視作「完滿的時代」。這個時代確實是完滿的，塵世萬事安排得如此周全，一切都是爲了促進我們的幸福。

但是，自從貪欲的鐵釘扎破那無縫的天衣[37]，這塵世所處的狀況，我們都能透過閱讀加以瞭解，更何況有些情景至今仍歷歷在目。人類啊，你還要經受多少的動亂和不幸，遭遇多少的挫折？都是因爲你這隻多頭獸要向四面八方掙扎！無論是從理論還是從實踐方面看，你的心靈和精神都是病態的！論證雖然無可辯駁，卻不能訴諸你的理智；經驗雖然豐富，也不能增長你的才幹，甚至溫和而神聖的規勸也不能打動你的感情，而這種規勸正是聖靈在向你召喚：「看哪，弟兄和睦同居是何等的善，何等的美。」[38]「外邦爲什麼爭鬧？萬民爲什麼謀算虛妄的事？世上的君王一齊起來，臣宰一同商議，要抵擋耶和華與他的受膏者。讓我們掙開他們的捆綁，脫去他們的繩索。」[39]

---

[35] 奧古斯都（西元前六三—西元一四）——古羅馬皇帝。
[36] 指基督教聖經中亞當吃了禁果，從而墮落為凡人。
[37] 指耶穌基督釘死在十字架上。
[38] 《舊約全書詩篇》第一百三十三篇，第一節。
[39] 同上第二篇，第一到三節。——英譯者

卷二　羅馬憑公理一統天下

一

人的理性和神的威力二者都表明，沒有公理，就沒有羅馬帝國。

在不明起因的情況下，我們往往對奇蹟驚嘆不已；因此，那些瞭解起因的人自然就要藐視和嘲笑那些表示驚嘆的人。我當初就曾對羅馬人那所向無敵、稱雄世界的功績驚嘆不已，因爲我只是膚淺地認爲他們的霸業是依仗武功而非憑藉公理得來。但是，經過一番沉思默想，我也就領悟得比較透徹，同時我也看到上天對這一切安排的明顯跡象，於是我不再驚嘆了；我現在藐視和嘲笑那些爭鬧不休的外邦，以及那些跟我過去一樣謀算虛妄之事的萬民；當我看到那些君王和臣宰只會共同反對上帝以及他的羅馬君王，我感到不勝悲痛。因此，我帶著嘲笑和不無哀傷之感的心情，用先知以天國之主的名義發出的呼籲，來代表羅馬皇帝和光輝的羅馬民族發出呼籲：「外邦爲什麼爭鬧？萬民爲什麼謀算虛妄的事？世上的君王一齊起來，臣宰一同商議，要抵擋耶和華與他的受膏者。」但是，正如仁愛之心自然容不得嘲笑，夏日的朝陽總會驅散晨霧並普照大地，我從此也不再嘲笑，而願以智慧之光驅散那蒙昧的雲霧，把那些爭鬧的君王和臣宰從這雲霧之中解放出來，並彰顯出從這類統治者的枷鎖下解放的人類特色。我現在就從事著這項工作，所以我要用先知的話勉勵自己：「讓我們掙開他們的捆綁，脫去他們的繩索！」

等我完成了這個研究的第二部分，揭示了有關這個問題的眞理，上述的兩個目的就可以達到。那些君王和臣宰自己篡奪了公權，卻又荒謬地認爲羅馬民族是篡權者；因此，在我說明沒有公理就沒有羅馬帝國這一點的時候，我不僅能撥開那些君王和臣宰眼前的蒙昧雲霧，而且我還要向世人指出他們已經丟掉此類篡權者的枷鎖。現在這一眞理不僅要依靠人理性的智慧之光，而且要靠神威力的光輝才得以顯現出來。二者一經契合，上天下地都必然一致贊同。因此，我堅守自己的信念，信賴理性與神威的共同證言，並進而闡明第二個問題。

二

上帝的意旨就是公理的根據。

我們已經盡可能深入地研究了第一個問題的眞正答案，現在就要探求羅馬人建立帝國是否合乎公理這第二個問題所涉及的眞理。在開始探討問題之前，我們又必須首先找出構成基本原理的眞理，因爲其他有關的論點都是以之爲依據的。

在這方面，第一個值得我們注意的事實是：任何技藝都存在於三重形式之中——存在於藝術家的頭腦之中，存在於技巧之中，存在於媒介物之中；因此，我們也必須在三重意義上認識大自然。大自然存在於上帝之中，上帝則是大自然的原創造者；大自然也存在於天體之中，天體是上帝的工具，憑藉天體，上帝那永恆的善的形象才得從他那技藝的物質媒介物之中呈現出來。如果有了完美的藝術家和完美的工具而作品仍有缺陷，那就必然是媒介物有問題了。因此，既然上帝至善至美，既然他的工具，亦即諸天體，沒有缺陷（正像我們用哲理論證所領會到的那樣），那就只能是：塵世上的任何缺陷必然是由於上帝的原材料而不是由於創造天地的上帝的意旨所造成。另一方面，如果我們在塵世中發現了善的事物，我們不能把善歸之於事物的物質方面，因爲原材料只是一種潛在的技藝；我們必須把善首先歸之於那作爲神的藝術家，其次歸之於上帝的藝術的工具，即通稱爲大自然的諸天體。由此我們可以推斷：因爲公理是善的一種形式，所以公理首先就在上帝的心中；因爲在上帝心中的事物就是上帝的一部分（按照一般的說法：「一切造物皆是神的生命」），又因爲上帝就是祂本身的意旨的主要對象，所以上帝心中的公理就是按照祂的意旨而形成的。既然上帝的意旨及其對象是同一的，那麼上帝的意旨就是公理。由此可見，不論是何種公理，都不過是上帝意旨的體現。因此，凡是不符合神的意旨的，就不可能是公理；反之，凡是符合的，就是公理。所以，每當我們問及某事是否合乎公理，不管我們用什麼措辭，無非是指它是否合乎上帝的意旨。因此，我們必須假定，在人類社會中，凡是合乎上帝意旨的就必然完全和眞正合乎公理。在這方面，我們應該記起先哲亞里斯多德在《倫理學》一書中開宗明義就提出的訓誡：「我們千萬不要期望在所有問題上都能找到相同的必然性，而只能按照問題本身所允許達到的程度。」根據這一條原理，我們只要能援引明顯的跡象和智者的權威來肯定光榮的羅馬人所擁有的權利，那我們的論證就算有充足的根據了，因爲，上帝的意旨本身是無形的，但通過有形的一件件事情，人們的心就可以覺察到上帝的無形意旨。正如火漆清晰地表明那上面用的是什麼印章——儘管這印章本身始終沒有出現，我們也必須通過可見的跡象來探求上帝的意旨；這也是不足爲奇的，因爲即便是我們凡人的意念也只能通過跡象才會爲他人所領會。

三

羅馬民族是最高貴的民族。

關於這個問題，我的論點是：羅馬人建立帝國，對世上一切人加以一元化的統治是合乎公理的，而不是篡權行爲。對於這個論題，我首先作如下證明：最高貴的民族理應高居其他民族之上；羅馬民族就是最高貴的民族；因此，它應該高居其他民族之上。大前提可用推理加以證明：因爲「給予美德的獎賞是榮譽」，而一切高位都是榮譽，所以一切高位都是對美德的獎賞。但是，人們一致公認，人是因爲具備美德才顯得高貴，這倒不論是本人具備的美德還是先人具備的美德。因此，先哲亞里斯多德在《政治學》一書中說：「高貴等於是美德加祖傳財富。」[1]尤維納利斯（Juvenal）[2]說：「崇高的思想是唯一的美德。」[3]這兩個說法

[1] 亞里斯多德《政治學》IV. VIII. 9。——英譯者

[2] 尤維納利斯（西元六〇？—一四〇？）——古羅馬諷刺詩人。

[3] 《諷刺集》（*Satires*）VIII. 20。——英譯者

指高貴有兩類：本人的和祖先的。因此，理所當然的是，只有貴族才有資格獲得作爲獎賞的高位。獎賞應該根據功勞的大小，正如《福音書》上說的：「種瓜得瓜，種豆得豆」，因此最高貴者獲得最高的地位是理所當然的。

小前提可以根據古人的論證加以證實。我們神聖的詩人維吉爾寫的長詩《埃涅阿斯紀》（*Aeneid*），通篇讚頌光榮的羅馬民族之父埃涅阿斯（Aeneas），對他表示永遠的懷念；同樣地，那位敘述羅馬人功績的著名史學家蒂托・李維（Titus Livy），用他的史書[4]的第一部分描寫特洛伊（Troy）城的陷落。這裡無須贅述這位不可征服者和虔誠的羅馬民族之父是多麼高貴，這不僅因爲他本身就具備美德，而且因爲享有繼承權，他的家系以及與他通婚的女方家系的貴族身分都集於他的一身。這裡只需著重提出幾點就足以說明問題。

關於他本人的高貴，請看詩人在《埃涅阿斯紀》的第一卷是怎樣通過伊利恩諾斯（Ilioneus）的祈禱來描繪埃涅阿斯的。他說：

「我們的王是埃涅阿斯，沒有人比他更正直，沒有人比他更虔誠，他英勇善戰、舉世無敵。」[5]

同樣地，請看第六卷，那上面記敘了米瑟努斯（Misenus）之死。米瑟努斯原先是替赫克特（Hector）持盾的，在赫克特死後，又侍奉埃涅阿斯。詩人說他「轉而侍奉同樣偉大的人」[6]，這樣他對埃涅阿斯和赫克特是同等對待的，而赫克特則是荷馬推崇爲超群絕倫的人物。關於這一點，先哲亞里斯多德在《倫理學》中描述劣根性的那一節中已經爲我們指出過[7]。說到埃涅阿斯的世襲貴族身分，那是世上的三大洲匯合起來促成的。在他那些較近的祖先中，有來自亞洲的阿薩拉克斯（Assaracus）和其他佛里幾亞（Phrygia）[8]國王，因此，我們的詩人在第三卷中寫道：

「諸神決心打亂亞洲的事務，打亂無辜的普里阿摩斯（Priam）家族的事

---

[4] 指李維（西元前五九—西元一七）所著《羅馬史》（*History of Rome*）。
[5] 《埃涅阿斯紀》I. 544。——英譯者
[6] 《埃涅阿斯紀》VI. 170。——英譯者
[7] 《倫理學》卷VII. I. 1，引用荷馬：《伊利亞德》XXIV. 258-259。——英譯者
[8] 佛里幾亞——小亞細亞古國。

務。」[9]

他的老祖先達耳達諾斯（Dardanus）來自歐洲，而達耳達諾斯最古老的非洲祖先是伊萊克特拉（Electra），那著名的阿特拉斯（Atlas）王的女兒。關於這兩位，詩人在第八卷中通過埃涅阿斯對伊萬德（Evander）講的話提供了證明，他說：

「達耳達諾斯來到丟克里（Teucri），他是伊林姆（Ilium）城的長老和奠基者；他是伊萊克特拉之子；伊萊克特拉，希臘人稱爲阿特蘭提得斯（Atlantides），偉大的阿特拉斯之女，也就是肩負著諸天體的那個偉大的阿特拉斯。」[10]

就是這位詩人在第三卷中謳歌了達耳達諾斯的歐洲血統：

「有一個地方，希臘人稱之爲赫斯珀里亞（Hesperia），它是個古老的國家；那裡兵強馬壯，土地肥沃，定居著埃諾特里亞人（Oenotrians）；根據傳說，他們的後代爲了紀念自己的領袖把它定名義大利（Italy）；這是我們的眞正故鄉和達耳達諾斯的誕生地。」[11]

阿特拉斯出身於非洲，這可從以他命名的山脈得到證明，而我們根據奧羅修斯（Orosius）[12]關於世界的描述，確知阿特拉斯山是在非洲，因爲奧羅修斯在說到非洲時寫道：「它的盡頭是阿特拉斯山脈和神佑（Fortunate）諸島。」——這裡說的「它」，指的就是非洲。

同樣地，我們還可以根據埃涅阿斯的婚姻來證明他出身貴族。他的第一個妻子是克瑞烏薩（Creusa），就是上面提到的那個亞洲的普里阿摩斯王的女兒。我們的詩人證明她是埃涅阿斯的配偶，因爲在第三卷中，安德洛瑪刻（Andromache）向埃涅阿斯詢問他的兒子阿斯卡尼俄斯（Ascanius）時說：

---

[9]《埃涅阿斯紀》III. 1。——英譯者

[10]《埃涅阿斯紀》VIII. 134 ff。——英譯者

[11]《埃涅阿斯紀》III. 163 ff。——英譯者

[12]奧羅修斯——西元五世紀左右的基督教學者，生於西班牙，著有《反異教徒的歷史》七卷。

「阿斯卡尼俄斯現在怎麼樣？他還活在世上嗎？他是克瑞烏薩在煙霧瀰漫的特洛伊城爲你生下的孩子。」[13]

埃涅阿斯的第二個妻子是狄多（Dido），一位非洲女王，迦太基人的祖先。我們的詩人在第四卷中把她作爲埃涅阿斯的配偶來歌頌，他寫道：

「狄多不再隱瞞她的愛情。她把它稱爲婚姻，因而掩蓋了自己的姦情。」[14]

埃涅阿斯的第三個妻子是拉維尼亞（Lavinia）。如果我們詩人在最後一卷提供的證明是可靠的話，她是拉提努斯（Latinus）王的女兒和繼承人，阿爾巴人（Albans）與羅馬人的祖先。在這一卷中，被征服的圖努斯（Turnus）向埃涅阿斯乞求說：

「你已經贏得勝利，奧索尼亞人（Ausonians）目睹我手心朝上，拉維尼亞現在是你的妻子。」[15]

埃涅阿斯最後的這位妻子來自歐洲最高貴的地區義大利。

小前提有了這些證據，誰還能懷疑羅馬人的祖先以及整個羅馬民族是天下最高貴的人？誰還能不承認這三個大陸的血統的三重結合是天命所歸的神跡？

【13】《埃涅阿斯紀》III. 339。——英譯者

【14】《埃涅阿斯紀》IV. 171。——英譯者

【15】《埃涅阿斯紀》XII. 936。——英譯者

四

奇蹟表明上帝關懷羅馬。

其次，凡是借助奇蹟而達到目的的一切，都是合乎神意的，因此，也就合乎公理。關於這個眞理，聖托馬斯·阿奎那（St. Thomas Aquinas）在他的論著《哲學大全》（*Summa Contra Gentiles*）第三卷中做了說明：「凡由神明安排而超乎常理的事件即爲奇蹟。」[16]他在這裡表示只有上帝能創造奇蹟。這一點有摩西的權威性言論爲證；他告訴我們，在鬧虱災的時候，法老的那些擅長利用自然規律的術士們也一籌莫展，只能給自己辯解說：「這是上帝的手段。」[17]如果眞像阿奎那在上述那本著作引的許多例證所表明的那樣，奇蹟是無須使用輔助力量的造物主的直接行動，那麼，只要某一人有什麼大喜的事，要說這中間沒有上帝的贊助和安排，那就是褻瀆神明了。相反地，只有承認這一點才是虔誠的。羅馬帝國是靠神的干預和助力才得以建成的，因此，它就合乎神的意旨，而且它過去和現在之所以存在就是因爲它合乎公理。

上帝運用奇蹟創立了羅馬帝國，這是得到著名作家證實的。李維在他所著書的第一部分說：羅馬人的第二個君王努瑪．龐皮留斯（Numa Pompilius）主持獻祭儀式時，一塊盾牌從天上落到上帝選中的城市上。盧坎（Lucan）【18】在他的《法沙利亞》（*Pharsalia*）一書的第九卷中也提到此一奇蹟，他描寫利比亞上空吹來一陣非常強勁的南風，他說：

「正當努瑪主持祭禮儀式，經過挑選的貴族青年所持的盾牌降落到他身上；這些人拿著我們的盾牌，一陣南風，或許是北風，把這些盾牌吹給了我們。」【19】

還有，當時高盧人已經攻下了羅馬城的大部分，企圖偷襲朱庇特（Jupiter）神殿以達到澈底毀滅羅馬的目的；這時候有一隻平時不引人注意的鵝高聲告警，

【16】聖托馬斯・阿奎那：《哲學大全》III. 101。——英譯者

【17】《舊約全書出埃及記》第八章，第十六到十九節。

【18】盧坎（西元三九—六五）——古羅馬詩人。

【19】《法沙利亞》IX. 477 ff。——英譯者

向神殿的守衛者報告高盧人快要到來。關於這件事，李維和其他許多大作家的記述都是一致的。《埃涅阿斯紀》第八卷在描寫埃涅阿斯的盾牌的詩句裡也提起這個事件：

「塔培亞（Tarpeia）要塞的保衛者曼利烏斯（Manlius）站在最高處，守衛著朱庇特神殿；羅慕路斯（Romulus）的宮殿重修了殿頂，煥然一新。在金碧輝煌的門廊上裝飾著一隻鼓翅銀鵝，這就是當初在高盧人逼近殿門時高聲告警的那隻鵝。」[20]

李維也在他的關於布匿戰爭的史書中記述了羅馬與迦太基的作戰；他提到另外一些事蹟，例如，有一次羅馬貴族抵擋不住漢尼拔（Hannibal）[21]的攻擊，眼看羅馬城頃刻之間就要毀於迦太基人之手，突然間一陣大冰雹，劈頭蓋腦而來，使戰勝的一方無法乘勝前進。還有，克黎莉婭（Cloelia）當時能夠死裡逃生，這不是奇蹟嗎？她在圍城期間被波希納（Porsena）[22]俘獲；她雖然是個婦女，但借助神力，竟打碎了枷鎖，游過台伯河。難怪幾乎所有的羅馬史家都讚頌她了。

上帝預見到萬事萬物都有條不紊地安排在一個統一的體制之中，而祂按照這個方式行事，那是非常恰當的；同時，祂在奇蹟中顯身，也就是把無形變成了有形，又由於祂本身是無形的，祂才透過這些有形的事件顯身，因此，這也說明，祂的行事是非常恰當的。

【20】《埃涅阿斯紀》VIII. 652 ff.。——英譯者

【21】漢尼拔（西元前二四七—前一八三）——迦太基的猛將，人稱迦太基之獅。

【22】波希納——伊特魯里亞（Etruria）古國的國王，曾與羅馬人作戰。

五

羅馬政權的目的就是要取得共同利益。

但凡關心國民利益的人，事實上都會關心公理的目的。關於這一命題的正確性可證之如下：《法學彙編》（*Digest*）[23]一書所提供的公理的定義是：「公理是人與人之間的一種眞正的和個人的紐帶，維護它就是維護社會，破壞它就是破壞社會。」這實際上不是公理本質的定義，而是公理用途的說明。儘管如此，這一定義還是適當地說明了公理在實踐中意味著什麼和包含著什麼；同時，任何社會的目的在於它的成員的共同利益，因而公理的目的也必然是爲了促進共同利益；所以，凡是不能促進的，就不可能是公理。西塞羅在他的《修辭學》（*Rhetoric*）一開始就說得很好：「我們解釋法律始終應當是爲了促進國民利益。」因爲，如果法律對於受制於它的人沒有用處，那麼這些法律就是名存實亡的。法律應爲互利的目的把人們聯繫在一起，塞內卡（Seneca）[24]在他的《四美德論》（*On the Four Virtues*）一書中說得非常正確，他說：「法律是人類社會的紐帶。」由此可見，關心國民利益就是關心公理的目的。那麼，如果羅馬人確實是追求國民利益的，那就可以說他們是忠於公理的。羅馬人所作所爲證明了他們征服全球確實是爲了追求這一利益；因爲他們拋棄了那總是跟國民利益勢同水火的一切貪欲，而去尋求普世和平與自由；這個神聖、虔誠和光榮的民族，爲了促進公共利益以拯救人類，簡直不惜犧牲自己的利益。有句話說得很好：「羅馬帝國源自虔敬之泉。」但是，既然我們無法直接考察自覺的行爲者的意念，而只能通過外部的跡象加以判斷，同時，正如我說過的那樣，既然我們必須按照這個論題的性質進行探討，那麼，我們如果能夠把作爲整體和作爲個體的羅馬人的動機的確鑿跡象一一列舉出來的話，我們就算爲這場辯論提供了足夠的論據。

　　羅馬那些有組織的公共團體是把人們與國家結合在一起的紐帶，關於這些團

【23】西元六世紀羅馬皇帝查士丁尼（五二七—五六五年在位）下令彙編的五十卷《民法大全》（通常稱為《查士丁尼法典》〔*Justinian Code*〕）的一部分。

【24】塞內卡（西元前約四—西元六五）——古羅馬哲學家。

體，這裡只需引用西塞羅《論責任》（*De Officiis*）一書的第二卷就足以說明：「只要國家的權力是基於維護而不是侵犯人民公益，那麼發動戰爭的原因，要嘛是爲了援助盟邦，要嘛是爲了維護本身的權力；而戰爭的後果要不是比較輕微的話，那至少也是無法避免的。元老院是君王、臣民和民族的避難所。我們的官吏和將領赤膽忠心地保衛各省與盟邦，熱望受到讚賞。因此，羅馬的統治與其說是世界帝國，毋寧說是出於對世界如父親般的關懷！」——要知道這些話是西塞羅說的啊！

現在我要簡略地引證個別羅馬人的情況。他們流血流汗，貧苦無告，慘遭放逐，子女喪失，四肢殘缺，甚至犧牲性命，這一切全是爲了造福公眾，試問有誰能說他們不是關心公共利益的呢？辛辛納圖斯（Cincinnatus）[25]在完成使命之後自願放棄公職，他這樣做，不就爲我們樹立可敬的榜樣了嗎？李維記述了他怎樣放下耕犁，成爲執政者，而在獲勝慶功之後，他又回到田間，趕牛扶犁，汗流浹背，終日勞作。在《論至善和至惡》（*De Finibus Bonorum et Malorum*）一書中，西塞羅在貶抑伊比鳩魯（Epicurus）[26]的同時，讚揚了辛辛納圖斯並懷念了他的德行，他說：「就這樣，我們的祖先把辛辛納圖斯從田間請來，擔任執政官。」[27]

此外，法比里西烏斯（Fabricius）[28]不是爲我們樹立了如何摒棄貪欲的傑出榜樣嗎？他是個窮人，但他忠於公共利益，拒絕接受送給他的一大筆金錢，當時還說了許多嘲弄的話，恰當地表達了他對錢財的蔑視。我們的詩人在第六卷中用這樣的詩句追懷他：

「法比里西烏斯，人窮志不窮。」[29]

還有卡米盧斯（Camillus）[30]把法律置於個人利益之上，他難道不是一個值得我們紀念的榜樣嗎？按照李維的敘述，他是個判了罪要流放遠方的人，後來他挽

---

[25] 辛辛納圖斯（西元前五世紀左右）——古羅馬歷史人物，在國家危難時領導人民破敵，功成後退隱田野。

[26] 伊比鳩魯（西元前三四一—前二七〇）——古希臘哲學家。

[27] 《論至善和至惡》II. 4。——英譯者

[28] 法比里西烏斯（西元前三世紀）——古羅馬執政官。

[29] 《埃涅阿斯紀》VI. 843。——英譯者

[30] 卡米盧斯（西元前四世紀）——古羅馬軍事將領。

救了祖國，並把戰利品全部奉還羅馬，受到全體人民的稱頌，這時他卻離開這個神聖的城市，直到獲得元老院的准許才返回。詩人在第六卷中歌頌了他的偉大人格，稱他爲「奉還權杖的卡米盧斯。」[31]

第一位布魯圖斯（Brutus）[32]爲了國家的自由而貢獻出自己的子女和一切心愛的東西，他難道不是我們的表率嗎？李維記述了他作執政官時，不得不將自己的兒子們判處死刑，因爲他們犯了通敵罪。我們的詩人在第六卷中表彰了布魯圖斯，他寫道：

「一個父親，發現自己的兒子陰謀發動新的戰爭，爲了美好的自由，他把他們處以極刑。」[33]

穆修斯（Mucius）對國家無限忠心，這難道不令人感動嗎？他抓住時機，企圖刺殺波希納；而一旦事敗，他眼看自己那隻沒有擊中目標的手被火燒著，就好像在看一個敵人在受刑。李維在講述此事時對他表示敬佩。

還有那些最受崇敬的殉難者。迪修斯家族爲了公共利益獻出自己的生命，李維對他們的歌頌雖然也盡其所能了，但仍然不足。還有馬爾庫斯·加圖（Marcus Cato）[34]這位追求眞正自由的嚴峻衛士，他的獻身精神是筆墨所難以形容的。德西烏斯家族爲了國家的利益，能夠面對死亡的陰影而無所畏懼；加圖則爲了激發世人對自由的熱愛，表現出他高度珍視自由，所以他寧可慨然拋棄生命也不肯作爲奴隸而活著。西塞羅頌揚了這些殉難者的英名；他在《論至善和至惡》中寫道：「普布利烏斯·德西烏斯（Publius Decius）是他家族第一個當執政官的人；當他不惜犧牲，催馬迎著敵人的長矛猛衝過去的時候，難道他還盤算著什麼時候和在什麼地方能尋歡作樂？難道他不是明知自己此戰必死而追求最光榮的死？難道他這種獻身的熱情不是在伊比鳩魯追求享樂的熱情之上？他的這些作爲如果不值得讚頌的話，他那位連任四屆執政官的兒子就不會學他的榜樣了。還有他的孫子，也是一位執政官，他繼承家族的傳統，也把生命獻給社會，在對皮洛

[31]《埃涅阿斯紀》VI. 825。——英譯者
[32] 布魯圖斯——古羅馬共和國奠基人，西元前五〇九年擔任執政官。
[33]《埃涅阿斯紀》VI. 820。——英譯者
[34] 馬爾庫斯·加圖（西元前二三四—前一四九）——古羅馬政治家。

士（Pyrrhus）[35]作戰時犧牲了。」[36]西塞羅在《論責任》一書中這樣評論了加圖：「加圖的情況跟那些跑到非洲投奔凱撒的人不能相提並論；如果那些人自殺了，這可以理解爲一生放任不羈的結果，而加圖的本性卻是非常嚴肅的，這種嚴肅性始終貫穿在他的品格之中，他時刻記住自己的決心，寧死不向暴君低頭。」[37]

現在有兩點已經確定下來：第一，凡是追求國民利益的人也就是追求公理的目的；第二，羅馬人透過征服世界，以追求公理的目的。現在，我們必須證明，凡是追求公理目的之人，其行爲都是正當的。我們已經在上面證明，羅馬人透過征服世界，追求公理的目的。現在我們必須證明，羅馬人征服世界的行爲是正當的，因此它有權享有帝國的尊嚴。要得到這個結論，我們就要先證明凡是追求公理目的之人，其行爲都是正當的。在這方面，第一點要提出的是，凡是存在的東西，都有其存在的目的，否則就是廢物，如前所述，這實際上也是不可能的。那麼，正如每樣東西都有其目的，每個目的也都有各自的以它爲目的的東西。因此，如果有兩樣確實是不同的東西，它們就不可能有同一的目的，否則，就只能說其中之一是廢物，而這樣說是站不住腳的。我們既然已經證明公理的目的是存在的，我們就必須承認公理的存在，因爲公理的目的是公理要取得的特殊的和專有的效果。再者，在任何因果關係中總是前因包含後果（正如人類包含動物），無論在肯定命題或否定命題中都是如此。要撇開公理而尋求公理的目的是不可能的，因爲目的與手段的關係猶如後果與前因的關係，正如不注意健康就不能達到健康的狀態。這就再清楚不過地說明，追求公理的目的意味著要正當地去追求。

企圖引用先哲亞里斯多德（在《倫理學》中）論述「忠告」的一段文字來駁倒我們的論點是辦不到的。先哲當時說：「透過站不住腳的三段論法也可能達到正確的結論，雖然這種結論是不能眞正確立的，因爲這中段的提法必然意義含混。」如果說一個正確的結論是從錯誤的前提中推斷出來，那麼這個結論不會眞正是推斷出來的，它之所以正確，在於命題的表述，而不在於它是根據論證得出的結論。因爲正確的結論絕不會得自錯誤的前提，儘管眞話可以從謬言中引出。在實踐方面也是如此。如果一名竊賊拿所竊之物去救濟一個窮人，這不能說是眞

【35】皮洛士（西元前三一九—前二七二）——希臘境內伊庇魯斯（Epirus）王國的國王，以戰功聞名，但也為此付出了慘重代價。

【36】《論至善和至惡》II. 19。——英譯者

【37】《論責任》I. 112。——英譯者

正的救濟；如果他施捨的是自己的財物，那就是救濟了。在公理的目的這個問題上也是如此。這是因爲，如果公理的目的即共同利益是不正當地取得的，那麼它僅僅因爲與共同利益在事實上偶合才成其爲公理的目的，也就是說，它是在所竊之物可以拿來施捨的含義上成爲公理的目的。因此，只要我們記住公理的目的是存在的，而不僅僅是記住它的表面現象，那就無法反對我們的命題。因此，我們的論證就站得住腳了。

六

羅馬人的統治能力表明，他們的統治權是天命所授的。

自然界的秩序是靠公理來維持的。因爲，人類給自己提供的必需品不可能超出自然界所能提供的程度，否則結果將超過原因，而那是不可能的。例如我們看到，執政者在委任官吏時不僅要考慮到每個官吏在整體中的特殊使命，而且還要考慮到每個人在完成其使命時的個人才能。這就是說，考慮到全體官吏和個別官吏所承擔的職責，因爲責任或權力不能超出執行的能力。自然界的秩序同樣是精心安排的。因此，自然界對萬物的安排顯然是根據萬物本身的機能而定的，而公理這一基本原則也滲透到萬物的本性之中。由此可見，缺乏合理的行動就不能維持自然界的秩序，因爲這一秩序是與公理的基礎不可分割地聯結在一起的。因此，自然界的秩序也就靠公理來維持。

羅馬人生而治人。這一點可證明如下：一個藝術家如果只關心最後的成品而忽視創造它的手段，那他就不是一個完美的藝術家；然而大自然是不會不完美的，因爲它是神智慧的結晶；故此，它要採取達到最終目的所必需的一切手段。既然人類的存在有其目的，而自然界又必須運用手段以實現其普遍目的，那麼，自然界勢必要促使人類實現其目的。先哲亞里斯多德在《物理學》第二卷中有力地論證了這一命題，他指出大自然的運動總是朝向一個目的。既然大自然不可能透過一個人實現其目的——這是因爲它的許多事業需要很多人去做，那麼它必然要爲各種各樣的職能創造出許多人來。由於這一切十分複雜紛繁，因而除了上天的助力之外，還需要塵世的各種力量和才能。所以我們看到的不僅是個別人而且是整個民族的誕生，其中有的宜於治人，而有的就是要治於人或侍奉人。先哲亞里斯多德在他的《政治學》一書中指出這一點；如他所說，那些生而治於人的人不僅理應受人統治，而且強迫他們服從統治也是有理的。

面對這些事實，我們無疑是可以肯定，大自然註定了世界某一地區的一個民族來一統天下，否則，大自然就會有所欠缺，而那是不可能的。至於哪個地區的哪一民族註定要一統天下，根據上述的和下面還要講到的理由表明，羅馬及其公民是註定了的。我們的詩人在第六卷中微妙地暗示了這一點，請看安喀塞斯（Anchises）對羅馬民族之父埃涅阿斯發出的預言：

「我很清楚，另外有些人更加靈巧，能夠在銅器上雕出生龍活虎的形象，在大理石上鑿出栩栩如生的面容；還有一些人則在訴訟中更有辯才；另一些人能夠精確地說明天體運行，計算行星出現的年分。可是，羅馬人啊，你要記住，你是要統治各民族的。這就是你的技藝。你應該奉行安居樂業的方針，對順從者寬容大度，對驕橫者鐵面無情。」[38]

在該書的第四卷中，詩人通過天神朱庇特向信使神墨丘利（Mercury）談到埃涅阿斯的一段話，暗示了羅馬人的所在地：

「美麗的母親維納斯（Venus）把埃涅阿斯許給了我們，兩次從希臘的武士手中將他救出，那是爲了讓他統治義大利——這塊土地，諸邦爭奪，戰禍連年。」[39]

【38】《埃涅阿斯紀》VI. 847 ff。——英譯者

【39】《埃涅阿斯紀》IV. 227 ff。——英譯者

根據以上這些理由，我們有充分根據說羅馬人是天生的統治者；因此，羅馬人征服全球，是憑藉公理而取得世界統治權的。

七

各種方式的神旨和神啟。

爲了實現我們所追求的眞理，我們必須明白，主宰世事的神旨有時顯露，有時則隱蔽。它可以透過兩種方式給予啓示，即透過理智或透過信仰。上帝的某些旨意可完全憑藉人的理智來實現，例如個人應爲國獻身這樣一種旨意便是如此。如果說部分應服從整體，而個人也是社會的一部分，那麼一如先哲亞里斯多德在《政治學》一書中所指出的那樣，個人應爲國獻身，這和小義應服從大義的道理是一樣的。先哲亞里斯多德在《倫理學》一書中說：「爲他人服務乃一大樂事，而爲民族或社會服務則更是高出一籌，有如天使。」這是上帝的旨意；若非如此的話，則人類正常的理智就無從服務於自然的目的，而這是不可能的。

上帝另有一些旨意則單憑人類理性本身是認識不到的，那要憑藉信仰《聖經》的教導才能做到。例如，任何人不論在道德和智力、性格和行爲方面有多麼完美，要是沒有信仰也不能得救；即使他從未聽過基督的名字也是一樣。單憑人類理智，那看來似乎不公平，但憑藉信仰就能認識到正是這樣。因爲《希伯來書》寫道：「人非有信，就不能得上帝的喜悅。」[40]《利未記》寫道：「凡以色列家中的人宰牛宰羊，不論宰於營內營外，若未牽到聖幕門口獻祭耶和華，流血的罪必歸到那人身上。」[41]這裡聖幕門口是比喻基督，因爲《福音書》中指出基督就是我們進入天國之門；而屠宰牲畜是比喻人類的一般行爲。

上帝隱蔽的旨意是人類理智無法憑藉自然法則或《聖經》教義所能掌握的，而只能靠蒙受特殊的神恩。這可能採取多種方式，但總不外乎單純的神啓和經過考驗的神啓。單純的神啓又分兩種，一是上帝自發的啓示，一是對祈禱的答覆。上帝自發的啓示也分兩種，一是明確的啓示，如啓示撒母耳反對掃羅；一是顯露跡象的啓示，如向法老顯露拯救以色列的跡象。《歷代志下》的作者說明了對祈禱的回答：「當我們束手無策的時候，我們只有把目光轉向你。」經過考驗的啓示也分兩種：一是透過抽籤，一是透過競爭，因爲競爭也是一種考驗。上帝的旨意有時可以透過抽籤來昭示，如馬提亞的入選就是一例[42]。透過競爭確定上帝的旨意又分兩種，一是透過格鬥，如鬥士之間的決鬥；一是透過競賽，如運動員之間賽跑，幾個對手爭先到達終點。這類競爭的第一種形式的象徵是異教傳說中希拉克勒斯（Hercules）與安泰俄斯（Antaeus）的決鬥，這在盧坎的《法沙利亞》第四卷和維德（Ovid）[43]的《變形記》第九卷中均有記載。第二種形式的象徵是亞特蘭大（Atlanta）與希波梅內斯（Hippomenes）之間的競賽，這在《變形記》第十卷中也有記載。

我們必須注意這兩種競爭形式的區別：在格鬥中，對手就算施展任何有利於己的手段也不算犯規；而在競賽中則不容許破壞公平的原則，因爲運動員是不許犯規的。雖然我們的詩人在第五卷中讓歐律阿羅斯（Euryalus）獲勝似乎贊成犯規行爲，但根本道理不變。因此，在這方面還是西塞羅史公正；他在《論責任》的第三卷中重申克律西波斯（Chrysippus）的見解，駁斥了贊成犯規行爲的論調；他說：「克律西波斯說得對：『在運動場上賽跑的人應該竭盡全力爭取優

【40】《新約全書希伯來書》第十一章，第六節。

【41】《舊約全書利未記》第十七章，第三節。

【42】《新約全書使徒行傳》第一章，第二十六節：「於是衆人為他們搖籤，搖出馬提亞來，他就和十一個使徒同列。」

【43】維德（西元前四三—一八）——古羅馬詩人，代表作為敘事詩《變形記》（*Metamorphoses*）。

勝，只是不能犯規。』」

現在我們記住了這些區別就可以從兩個方面論證我們的命題，其一是根據體育競賽，其二是根據鬥士之間的格鬥。現在我們就加以論證。

八

根據神的旨意，羅馬人在爭奪世界統治權的競賽中占了上風。

在爭奪世界統治權的競賽中，取勝的民族是憑上帝的旨意取勝的。因爲上帝關心普遍性競賽的結果甚於專門性競賽的結果；如果在專門性競賽中運動員憑上帝的旨意取勝（正如格言所說：「上帝讓誰得勝，就讓彼得祝福他」），那麼毫無疑問，在爭奪世界統治權的競賽中，勝負之數更是取決於上帝的旨意。羅馬人在競賽中贏得了世界統治權的獎賞。要說明這一點，讓我們回顧一下各種各樣的競賽者，考慮一下他們所爭奪的獎賞或目標。這種獎賞或目標就是對世人的統治，這正是帝國政權的含義。但是，除了羅馬人，還沒有任何人曾達到這個目標；我們現在就要闡明，羅馬人不僅是第一個，而且是唯一跑到競賽終點的。第一個試圖達到這個目標的世人是亞述（Assyria）王尼努斯（Ninus）。按照奧羅修斯的敘述，該國王在九十多年的時間裡，以王后沙米拉姆（Semiramis）爲助手，企圖以武力統治全世界；他確實征服了全亞洲，但從未到西部的邊遠地方。

維德在第四卷中提到這兩位統治者，書中的皮拉穆斯（Pyramus）說：

「沙米拉姆用磚牆包圍全城……」

後面又說：

「他們將在尼努斯的墓旁會面，藏在樹蔭下。」[44]

第二個熱望達到這一目標的是埃及王伏索格斯（Vesoges）（拉美西斯二世）。按照奧羅修斯的敘述，他征服亞洲的南部與北部，但其控制的範圍從未達到半個世界之大，因爲西徐亞人挫敗了他的野心，迫使他半途而廢。此後，波斯王居魯士（Cyrus）也作一番嘗試。他焚毀了巴比倫城，兼併了巴比倫帝國，但他還未到達西方，就死在西徐亞女王托米麗絲（Tamiris）之手，他的計畫也隨之而付諸東流。後來，大流士（Darius）之子，波斯王薛西斯（Xerxes）動員了空前規模的兵力大舉進攻，他在塞斯托（Sestos）與阿拜多斯（Abydos）之間架橋渡過了分隔亞洲與歐洲的海峽。盧坎在《法沙利亞》第二卷中提到了這一驚人的成就，他寫道：

「故事說的是驕傲的薛西斯怎樣在水上築出路來。」【45】

儘管如此，他最後還是遭到慘敗，未能完成他的大業。接著是馬其頓王亞歷山大，他眼看就要獲得統治世界的榮譽，實際上他已經遣使前往羅馬招撫，但在接到他們的答覆之前，他就已身死埃及，留下了未竟之業。李維敘述了這一史實；盧坎在第八卷中譴責埃及王托勒密時，曾提到亞歷山大殯葬在那個國家，他寫道：

「你，拉古斯（Lagus）族衰落的末世子孫，行將消亡，你的權杖將傳給你那

【44】《變形記》IV, 58, 88。——英譯者
【45】《法沙利亞》II. 672 ff。——英譯者

亂倫的姊妹，而在你的鄰近，那位馬其頓人將在他的聖穴中安息。」[46]

「啊，上帝的智慧高深莫測。」誰在你面前敢不俯首聽命？亞歷山大當年與羅馬競爭，你挫敗了他，使他難以再妄自尊大。

羅馬啊！她在這場競賽中獲得了勝利的桂冠，這有大量的見證，我們的詩人在第一卷中唱道：

「流轉的歲月必將爲羅馬人孕育其領袖，他們來自更新的特洛伊血統，他們將統治陸地和海洋。」[47]

盧坎在第一卷中說：

「刀劍分裂了那強大民族的帝國，他們曾擁有整個地球上的陸地與海洋；命運之神不容許像這樣的兩個民族並立爭雄。」[48]

波愛修斯在第二卷中這樣描寫羅馬皇帝：

「太陽神無論在它驅車入海的西方，或在它再次騰空而起的邊遠東方；或在那冰天雪地、寒氣逼人的北方，或在那疾風如火，沙漠炎熱炙人的南方，都可以看到手執權杖的羅馬皇帝所統治的世人。」[49]

基督的《福音書》作者路加一向面傳眞理，他也提供了同樣的見證，他寫道：「該奧古斯都發布命令，統計世界人口」；從這一番話，我們顯然可以瞭解到當時羅馬人是有權統治全球的。

以上所述證明：羅馬人在一場眞正的競賽中挫敗了其他選手，因此他是憑神的旨意取勝的，他有權獲得勝利之果。

【46】《法沙利亞》VIII. 692 ff。——英譯者

【47】《埃涅阿斯紀》I. 234 ff。——英譯者

【48】《法沙利亞》I. 109 ff。——英譯者

【49】《哲學的慰藉》II。——英譯者

九

羅馬通過考驗贏得了世界統治權，是理所應得。

在非競技性格鬥中取勝也可能是合理的。因爲當人類處於愚昧無知之際或由於沒有裁判者而無從判斷之時，爲了拯救正義免遭踐踏，不得不求助於熱愛正義和具有獻身精神的人。因此《詩篇》中唱道：「耶和華是公義的，祂喜愛公義。」[50]這樣，有關雙方都自願同意，不是出於仇恨而是爲了追求正義，竭盡智力和體力互相較量，以此探求神的旨意。這種爭鬥通常稱爲決鬥，因爲它的最早形式是由兩個鬥士交手。當然我們要記取這個告誡，即首先必須盡一切可能像在論戰中一樣採取討論的方法解決爭端，最後不得已才訴諸武力。關於這個問題，西塞羅在《論責任》一書中和維蓋提烏斯（Vegetius）在《論軍事》（*Re Militari*）一書中的闡述是一致的。正如在醫藥中，只有在其他一切藥物醫治無效時才使用刀和火；同樣在爭論中，我們要使盡其他一切可能的辦法辨明是非，直到最後才採取這一手段，這表明我們是爲了追求正義，才不得不如此。

因此一場決鬥就有兩個符合正規要求的特點：首先，一如我們剛才所說，要到最後才採取訴諸武力的手段；其次，如前所述，決鬥既不是出於愛也不是出於恨，決鬥者之所以進行決鬥，僅僅是出於對正義的熱愛，同時也是出於共同的願望。關於這個問題，西塞羅說得好：「爲爭奪皇冠而進行的戰爭不應出於仇恨。」如果一場決鬥符合正規要求（否則，這場鬥爭就不成其爲決鬥了），同時雙方之所以交手是因爲要追求正義和出於共同願望以表示他們對正義的熱衷，那麼，難道他們不是以上帝的名義才交手的嗎？既然如此，難道上帝不是如祂在《福音書》中向我們所許諾的那樣，就在他們中間嗎？如果上帝在場，那麼認爲如上所說的熱愛正義者不能伸張正義，豈不是褻瀆神明嗎？如果這類決鬥不會扼殺正義，那麼取得決鬥的勝利難道不是合理的嗎？這個眞理甚至在《福音書》傳播以前就爲異教徒所承認，他們曾以決鬥勝負來判明是非。例如，大名鼎鼎的皮洛士在血統和品行上都不愧爲埃阿喀得斯（Aeacidae）的眞正後代，所以在羅馬使者前來談判贖回戰俘一事，他回答得十分得體：「我不貪圖金錢，你們也不

【50】《舊約全書詩篇》第十一篇，第七節。

必出價。我們不是戰爭販子而是戰鬥者。我們要憑刀劍而不是金錢來決定誰死誰活。讓我們藉勇氣去領悟希拉（Hera）的旨意，決定由誰來當統治者。凡藉勇氣而倖存的人肯定能從我這裡獲得自由。我把他們交給你們帶走。」皮洛士以這些話祈求希拉，即命運女神保佑，而我們也可以把這樣的見解更恰當地稱之爲神的旨意。

鑑於上述理由，鬥士們切記不要貪圖錢財去爲某一爭端而戰，否則就會把一場考驗變成一個買賣鮮血和非正義的市場。如果眞是如此，他們就不要認爲上帝在給他們作評判，而寧可認爲是他們的宿敵在挑撥他們去打鬥。如果他們想成爲鬥士而不願墮落爲買賣鮮血和非正義的販子，那麼他們就要永遠記住皮洛士的榜樣並把他的話銘刻在競技場的大門上，因爲如前所述，皮洛士在參加爭奪世界統治權的競賽中是輕視金錢的。如果有人抱著老生常談的見解以雙方力量懸殊爲理由來否定以上眞理，他只要看看大衛戰勝歌利亞的例子就會明白。如果異教徒寧願要另一種非基督教的例證，那就讓他們想想希拉克勒斯戰勝安泰俄斯的事例。倘若以爲上帝所支持的力量敵不過專業選手，那未免愚蠢可笑。

現在已經充分說明：通過格鬥取勝，可能是合理的。

十

透過一對一的格鬥，羅馬人贏得那「有公義的冠冕」是合乎公理的。

羅馬人是透過一對一的格鬥獲得世界統治權的。這可以找到許多可靠的見證人來加以證實；他們會指出，早在羅馬帝國初期，就有透過決鬥解決問題的先例。如最早有一次，埃涅阿斯與盧杜里（Rutuli）王圖努斯發生關於確定羅馬民族之父埃涅阿斯身分問題的爭執，於是兩位王決定進行決鬥來探求神的旨意。《埃涅阿斯紀》最後一卷講了這個故事。根據詩人的敘述，勝利者埃涅阿斯寬宏大量，本想饒恕戰敗者的性命並與他媾和，只是後來發現圖努斯繫著他殺死了帕拉斯（Pallas）之後奪來的腰帶才改變初衷。後來特洛伊家族的兩個支系，即羅馬人和阿爾巴人，在義大利興旺起來，他們之間長年打鬥，爭奪以鷹徽爲標誌的權力，爭奪供奉特洛伊家族諸神的權力以及享有至高尊嚴的權力；於是，這兩個家族爲了聽取上帝的最後裁決，一致同意由豪拉提烏斯（Horatius）三兄弟爲一方，庫里亞提烏斯（Curiatius）三兄弟爲另一方，在兩個王和雙方人民面前進行一場公開的決鬥。阿爾巴的三個選手都戰死了，羅馬的選手也死了兩個，因而荷提里烏斯（Hostilius）主治下的羅馬人榮獲了勝利的桂冠。李維在他的《羅馬史》第一部分中詳細描寫了這一事件，而奧羅修斯的記述也和《羅馬史》相一致。爾後，李維又講到與鄰近的薩賓人（Sabines），薩莫奈人（Samnites）的戰鬥，這些戰鬥都恪守戰爭的公理和一對一格鬥的規則，即使參戰的人數眾多也是一樣。像與薩莫奈人作戰當中，只要事態稍有轉折，就會引起命運之神改變主意，另作安排。盧坎在他的第二卷中引述了這個例證，他寫道：

「在那生死攸關之際，世界統治權的寶座幾乎易主，科利尼（Colline）城門不知運進了多少屍體！這時候，薩莫奈人本希望羅馬的傷亡更大一些，超過他們當年在卡夫丁山谷（Caudine Forks）[51]所受的打擊。」[52]

義大利各民族之間的這些紛爭剛剛獲得解決，羅馬又為了在多次戰鬥中博取上帝的歡心，擊敗了希臘人和迦太基人，贏得統治世界的光榮。這些勝利就像是羅馬人的鬥士法比里西烏斯戰勝了希臘人的鬥士皮洛士，義大利人的鬥士西庇阿

（Scipio）戰勝了非洲人的鬥士漢尼拔。關於非洲人敗於義大利人，李維和其他羅馬史家都有記載。

現在，誰還會那麼遲鈍，看不到這個光輝的民族通過考驗合理地爲自己贏得了統治世界的王冠？羅馬人完全有資格說使徒對提摩太說過的話：「有公義的冠冕爲我存留」[53]，也就是說，這是根據上帝永恆的旨意留著的。那些妄自尊大的法學家現在應該知道，比起能夠看到上述眞理的人類理性的瞭望塔，他們是多麼低矮。他們還是免開尊口，少管閒事，好好去解釋他們那些法律條文的規定和含義吧。

我們已經證明：羅馬民族通過考驗獲得了帝國，因此是合乎公理的；這正是本卷所論證的命題。到此爲止，我們的論證主要是根據理性的原則；現在我們就根據基督教信仰的原則來論證我們的命題。

---

[51] 卡夫丁山谷——在西元前三二一年的一次戰役中，羅馬軍隊在此向薩莫奈人投降。

[52] 《法沙利亞》II. 135 ff。——英譯者

[53] 《新約全書提摩太後書》第四章，第八節。

十一

基督降生表明羅馬的統治權是神授的。

那些自稱爲基督教衛道士的人，自己首先起來鬧事，妄圖弄虛作假，反對羅馬的權威。他們不僅對基督的窮人沒有一點憐憫心，而且利用教會稅收詐騙窮人；他們經常私吞教會財產，使教會財力枯竭。他們假裝公正，實際上是排斥公正的人。這種掠奪逃不過神的制裁，因爲教會的經費沒有用在理應救濟的窮人身上，羅馬皇帝雖然發放了救濟金，也得不到應有的感激。這些救濟金理應歸還原主！這些錢總是有去無回，因爲給錢的人雖然慷慨，但花錢的人卻很隨便。但是，上述的那些衛道士才不管這些呢！只要他們的親友發財，教會的財產怎麼浪費也跟他們無關！不過我們最好還是回到我們討論的本題，虔誠地靜候救世主的幫助！

我認爲，如果羅馬帝國的存在不合理，那麼耶穌的誕生就意味著非正義了。這樣的結論自然是錯誤的，因此它的前提的反面倒是正確的，因爲對立的命題總是一個正確而另一個錯誤。以上結論的錯誤無須向信徒們加以證明，因爲每個信徒都必然會認爲那樣的命題是錯誤的。如果他不這樣看，他就不成其爲信徒了。如果他不是信徒，他對這個論證就不會感興趣。我們的論證如下：凡自願服從某項法令者，都以自身的實際行動證明自己認爲此項法令是公正的；這是因爲既然行動是比語言更有力量的論證（關於這一點，亞里斯多德在《倫理學》一書的末篇曾提及），他用行動作證就比他用言語作證更有說服力。而基督，正如祂的傳道師路加所證實，自願托胎於聖母瑪麗亞，降生在羅馬的政權下，以便他這位下凡的聖子可以作爲人，並登記在人類那特殊的戶籍簿中；由此可見，基督承認了羅馬統計世界人口的法令。當然，更爲虔敬的說法應是：羅馬皇帝按照神的決定頒布了這項法令，爲的是讓世世代代所盼望出現於塵世的救世主可以置身於世人的行列。因此，基督透過祂的降世表明，在羅馬人統治時期，奧古斯都頒布的這項法令是有充分根據的。頒布法令這一行動自然意味著頒布者具有司法權，由此可見，基督是承認羅馬皇帝的司法權的，因爲頒布正當的法令必須具備司法權。

我們可以看到，以上論證的任何形式都足以推翻前面提到的錯誤結論，但是這一論證運用三段論的第二種（否定）形式比第一種形式似乎更爲有力：

一切不公正的行爲都是假證，
基督不作假證，
因此基督沒有爲任何不公正行爲作證。

而運用第一種形式則是：

一切不公正的行爲都是假證，
基督犯有某種不公正行爲，
因此基督作了假證。

十二

基督服從羅馬法令同樣表明羅馬的統治權是神授的。

如果羅馬帝國的存在不是理所當然，亞當的原罪就不會在基督身上受到懲處。但是，這個結論是錯誤的。因此，它的前提的反面倒是正確的。上述結論顯然錯了，其理由如下：由於亞當犯的罪，我們現在都成了罪人，正如使徒所說：「這就如罪是從一人入了世界，死又是從罪來的，於是死便臨到眾人，因爲眾人都犯了罪。」[54]那麼，如果不以基督的死來贖此罪，按照我們墮落了的本性，我們仍然是罪孽之子。然而事實並非如此；因爲使徒保羅在《以弗所書》中寫道，上帝「按著自己意旨所喜悅的，預定我們，藉著耶穌基督得兒子的名分，使他榮耀的恩典得著稱讚；這恩典是祂在愛子裡所賜給我們的。我們藉這愛子的血，得

[54]《新約全書羅馬書》第五章，第十二節。——英譯者

蒙救贖，過犯得以赦免，乃是照祂豐富的恩典，這恩典是上帝用諸般智慧聰明，充充足足賞給我們的。」[55]此外，按照使徒約翰的記載，基督自己在忍受懲罰時說：「成了。」[56]既然成了那就無須做什麼了。

要理解這話的意義，我們必須懂得，懲罰不僅僅是處罰不法行爲，而且要由掌握刑事司法權的人來處置。因此，由一個不合格的法官來處置，非但不是懲罰，那簡直是不法行爲。所以，有人問摩西：「是誰封你爲我們的法官？」如此，若耶穌受刑不是出於有資格的法官之手，祂當時受刑就不算是懲罰。而那個法官除非對全人類具有權威，否則就不算有資格，因爲正如先知所說：基督身上擔負著所有「我們的苦難」，所以一切人都透過祂而受罰。如果羅馬帝國的存在不合理，那麼，彼拉多（Pilate）[57]所代表的羅馬皇帝提貝里烏斯（Tiberius）就不可能掌管全人類的司法權。這就是爲什麼像路加在他的《福音書》中所敘述的那樣，希律（Herod）王在無意中把基督送回給彼拉多審判，就像該亞法（Caiphas）在無意中說中了天意一樣。因爲希律王是在提貝里烏斯手下而不是在以鷹徽爲象徵的元老院的權力下進行治理的；他當時是由提貝里烏斯指派的一任，管轄著一個特別省，並掌握著那個省的大印。

因此，那些自稱教會之子的人還是停止責備羅馬帝國吧，他們應該看到，基督——教會的佳婿——在祂戰鬥的一生開始和結束都承認了羅馬的權威。現在我認為已經很清楚，羅馬民族獲得世界統治權是合乎公理的。啊，幸福的民族！假如削弱了你的威力的君士坦丁（Constantine）從未出世或不曾被他的虔誠意念引入迷途，那你至今還是光輝燦爛的啊！

【55】《新約全書以弗所書》第一章，第五到八節。——英譯者

【56】《新約全書約翰福音》第十九章，第三十節。

【57】彼拉多——把耶穌交付猶太人釘十字架的法官。

卷三　塵世的君主統治權直接由上帝賜予而非來自羅馬教皇

一

本卷提出的論點必然會觸怒羅馬教皇。

「上帝封住獅子的口，叫獅子不傷害我：因爲我在上帝面前是正直的。」[1]

在這部著作的開頭，我們說過要盡可能恰如其分地解答三個問題，其中的兩個問題我相信在以上兩卷中已經作了充分的闡述。現在餘下的是論證第三個問題，這個問題的眞實答案也許會把那些不敢面對眞理的人的憤怒引到我頭上來。但是眞理從它不可動搖的寶座上召喚我，要我像所羅門王進入格言之林那樣，目光凝視眞理而蔑視那些褻瀆眞理的誹謗者。先哲亞里斯多德——道德的宣揚者也鼓勵我們，爲了眞理甚至可以犧牲友誼。因此，我從但以理上述的話獲得了勇氣；那句話表明，神的力量守護著眞理的衛士；我還遵循使徒保羅的忠告，用信仰武裝自己，並帶著六翼天使從天國祭壇上取來的炭火——他就是用這炭火點了以賽亞的唇——如此，我進入了競技場，要在眾目睽睽之下把邪惡的說謊者扔出界外。我有何畏懼？與聖子永遠共存的聖父之靈通過大衛之口說：「義士會永遠受到紀念，他不害怕兇惡的消息。」[2]

我們現在要考察的論題是如何區分兩個偉大的光體，即羅馬教皇與羅馬帝王。我們曾在第二卷指出，羅馬統治者憑法權統治世界，但他的權威究竟是直接來自上帝，還是透過上帝的代理人？我所謂的上帝代理人是指眞正掌握天國鑰匙的彼得的繼承人。

[1]《舊約全書但以理書》第八章，第二十二節。——英譯者

[2]《舊約全書詩篇》第一百一十二篇，第六到七節。——英譯者

二

但凡不是順應自然的，都不符合神的意旨。

在提出這個問題時，我們必須像在前兩卷中那樣確立某個原理，因爲我們的論據可以依靠這個原理的力量獲得正確的結論。如果缺乏先設的原理，探討就會徒勞無益，即便是陳述眞理也是如此，因爲我們立論所用的一切中詞全都來自一個原理。那麼，讓我們先行確立下面這一條爲無懈可擊的眞理：凡是違背大自然的就不符合上帝的意旨。如果這一條不是眞理，那麼它的反面就不成其爲謬誤，即「違背自然的並不是不符合上帝的意旨」。如果這不算謬誤，它的後果也就不算謬誤了；因爲事物必然是互相聯繫的，只要前因不是謬誤，後果也就不可能是謬誤。

所謂「不是不符合意旨」必然有兩種可能的結果：或者是「符合」，或者「根本談不上符合不符合」；正如「不恨」的意思，或是指「愛」，或是指「談不上愛不愛」，因爲「不愛」不一定就是「恨」；同樣地，「不願意」不一定是

「反對……」這是很明顯的。如果以上推論不算謬誤，那就可以說，「凡是不符合上帝意旨的都符合上帝的意旨」，然而再也沒有什麼比這更荒謬的了。

爲了證明我的話，我斷定，凡是大自然要達到的目的，都符合上帝的意旨；如果不是這樣，那就等於說，天體是徒勞地運行，然而誰也不會這樣說。如果上帝眞有意要阻礙大自然達到這一目的，那麼祂就會下決心使這一目的受到阻礙，否則祂的意旨就落空了。既然阻礙的目的是要消滅被阻礙的東西，那麼人們就會推斷大自然要達到的某一目的不再存在，是符合上帝的意旨的（而我們說過，凡是大自然要達到的目的，都符合上帝的意旨）。

另一方面，如果上帝無意阻礙大自然的某一目的之實現，也就是說，祂對這方面沒有表示出祂的意願，那麼我們不妨推斷，無意這樣做只不過說明祂並不在乎是否一定要進行阻礙。但是一般來說，人們要是對某一阻礙不在乎，也就是對阻礙的目的不在乎了；因此，祂的意願並不包含這種目的，而凡是不包含在祂的意念之中的東西，祂就無意去做。如果大自然所要達到的某一目的可以而且在事實上受到阻礙，那就是說，不符合上帝的意旨，這就與另一例（關於「不符合意旨」的兩可解釋）得出同樣的結論：凡是不符合上帝意旨的都符合上帝的意旨。

由此可見，如果一個命題從它的反面能引出此等謬誤，那麼它本身必然是千眞萬確的眞理。

三

教會的權威並不取決於傳統；相反地，傳統的權威卻取決於教會的權威。

在著手研究這個問題時，我們應該瞭解，探討關於第一個問題的正確答案，與其說是爲了解決爭議，不如說是爲了擺脫無知狀態；而關於第二個問題，則可以說一半是爲了擺脫無知狀態，一半是爲了解決爭議。對於許多事物我們是無知的，但我們並不對之進行爭論，如幾何學家不知道怎樣把圓改爲方，但是他們也並不因此而去爭論這個問題；神學家不知道總共有多少天使，但他們也不因此而去爭辯這個問題；埃及人不知道西徐亞人的文明，但他們也不去辯論這個問題。然而，關於我們現在要探討的第三個問題，我們對此之所以無知，主要是因爲我們之間存在爭論，而通常的情況則是，我們之所以爭論，主要是因爲我們無知。往往有這麼一種人，他們的意欲遠遠地超出理性的判斷力，所以他們一發脾氣，就要失去理性，而且他們實際上是盲目地受脾氣所驅使，同時又固執地否認自己的盲目性。結果是，他們的謬誤不僅在一個專門領域裡出現，而且其中還有許多人離開所屬的領域去侵犯其他地盤；他們對此一無所知，當然也就不爲他人所理解，因而引起一些人的惱怒，一些人的憤慨和一些人的譏諷。

現在有三種人對我們正在探求的眞理反對得最激烈。首先是羅馬教皇，即我主耶穌基督的代理人和彼得的繼承人，我們對他和對彼得的感恩是一樣的，但不能跟基督相提並論。他或許是出於掌管天國鑰匙的熱忱，與其他基督信徒的牧師以及一些俗人完全沉浸在對教會的熱愛之中，一致地否認我即將要揭示的眞理，這倒不是出於傲慢，而正如我所說的，或許是出於熱忱。

其次是那些人，他們那理性之光已被頑強的貪欲所熄滅。他們自詡爲教會之子，其實是魔鬼的孽種。他們不僅對這個問題提出異議，而且出於對最神聖的帝國這一名稱的仇恨，厚顏無恥地全盤否定我們提出的這個問題和前兩個問題的根本原理。

此外還有第三種人叫作教令派。他們對任何神學或哲學都一竅不通，卻把教令當作自己的全部論據（固然我對教令也是尊重的）來攻擊神聖羅馬帝國，指望這些教令能夠行之有效。對此我並不感到奇怪，因爲我親耳聽到他們其中的一個人喋喋不休地說：「教會的傳統乃是信仰的基礎。」這種邪惡觀念必須從世人頭腦中清除出去，因爲事實上，早在形成任何教會傳統之前，就有信仰聖子基督的人，至於他們認爲基督是將來的、是同代人或是已經受難的救世主，倒是無關緊要的。世上沒有人懷疑他們寄希望於這種信仰，並在希望中孕育著熱烈的愛，他們的這種熱忱使他們無愧爲基督的兄弟。我們只要指出《聖經》的某些部分先於教會，某些部分屬於教會而另外一些部分又後於教會，就足以把所有的教令派逐出當世的競技場外。

永遠賜予世人的《舊約全書》與《新約全書》先於教會——先知就是這樣說的，他把教會比作新娘，對她的新郎說：「吸引我，便跟隨你。」[3]理應受人擁戴的盛大教會會議，隨著教會的出現而出現。誰也不懷疑耶穌親臨這些會議，因爲《馬太福音》上有記載；當耶穌將要升天時祂對門徒說：「看啊，我永遠與你們同在，直到世界的末了。」[4]隨著教會的出現還產生早期基督教作家奧古

---

[3]《舊約全書雅歌》第一章，第四節。——英譯者

[4]《新約全書馬太福音》第二十八章，第二十節。——英譯者

斯丁（Augustine）[5]和其他一些人的著作，他們蒙受聖靈指引，凡是見過或嘗過他們的勞動果實的，都會承認這一點。繼教會之後產生了那些稱爲「教令」的傳統，它們具有耶穌使徒的權威，也受到了尊崇，但無疑應從屬於具有根本意義的《聖經》。有些神父持與此相反的意見而遭到基督的責備，因爲他們曾向基督問道：「爲什麼你的門徒違反了長老的傳統？」——因爲他們忽略了洗手的禮儀。根據馬太的記載，基督回答說：「爲什麼你們要堅持你們的傳統而違背上帝的戒律？」這就明確地把傳統放在從屬地位。既然我們已經說明傳統來自教會而不是教會來自傳統，那麼傳統是由於教會獲得其權威的。因此，那些僅僅依靠傳統爲根據的人必然會像我所說的那樣，被人逐出競技場外。凡是想要研究本專題的人都必須深入到教會權威的源泉中去探求眞理。

我們打發掉這第三種人，現在還得打發掉那些混在主的羊群中的人，他們身披烏鴉的羽毛還自以爲是白羊。他們都是些不信神的人，在他們那無恥的生涯中，竟逼著自己的母親賣淫，趕走了兄弟，拒絕服從法紀。與他們論戰簡直毫無意義，因爲貪欲使他們甚至無法認識基本原理。

現在場上只剩下出於對教會的熱忱而否認我們所尋求的眞理的那些人。我在本卷中就和他們之間進行本卷所掀起的論戰，在論戰中懷著孝敬的兒子對父母、對基督和教會的深深敬意，並且是出於對主和一切基督教徒的責任感從事這項工作的。

【5】奧古斯丁（西元三五四—四三〇）——基督教神學家、哲學家。

四

以太陽和月亮比擬現世的兩種權力是不合適的，因為那樣一來現世的權力就好像是從教會所具有的神權中反映出來似的。

我們當前論戰的對手斷定說正如工匠接受建築師的指揮一樣，羅馬帝國的權威從屬於教會的權威。他們提出幾種不同的論據，有的根據《聖經》，有的根據某些教皇或某些帝王的約法，從這些約法中得出某些理論上的結論。

首先，他們說，根據《創世記》的記載，上帝創造了兩個光體，一大一小，一個掌管白晝，一個掌管黑夜。他們說這就好比兩種權力，一種是教會的權力，一種是現世的權力。然後，他們又說那小的光體——月亮，本身沒有光，而只是反射太陽光；同樣地，現世的權力本身也沒有權威，而只是仰仗教會權力的權威。

爲了駁倒他們的這個論點和其他論點，我們應該知道在論戰中取勝的方法是暴露對方的謬誤，關於這一點，先哲亞里斯多德就曾在《論謬誤》（*Fallacies*）一文中指出。論點的謬誤可能表現在內容方面，也可能表現在形式方面，因此謬誤有兩類：或是提出錯誤的假設，或是進行錯誤的推理。先哲就是依據這兩點反對巴門尼德（Parmenides）和麥里梭（Melissus）的，他說：「他們容納謬誤，又不善於推理。」此處，我把不可靠的論點也歸入「謬誤」之中，因爲在似乎可靠的知識問題上，它們起著謬誤的作用。如果謬誤是形式方面的，對它的批判就應是透過揭露它違背推理結構來否定它的結論。如果謬誤是內容方面的，那是它提出了完全錯誤或部分錯誤的假設。如果一個假設完全錯誤，那麼必有一個前提要被否定；如果是部分錯誤，則要加以區分。

記住這一點，我們就能更有效地批駁這一類或其他的論點。我們注意到求助於神祕的解釋時有兩種謬誤：一種是探索時不得其法，一種是歪曲原意。關於第一種謬誤，奧古斯丁在《上帝之城》（*City of God*）一書中說道：「不是所有記述的東西都有意義，因爲記述無意義的東西也是爲了引出有意義的東西。開壟溝只用到犁頭，但那犁的其他部分也是必需的。」關於第二種謬誤，奧古斯丁在《論基督教教義》（*Christian Doctrine*）中也曾提及：他認爲有些人離開作者的原意進行解釋，其所犯的錯誤猶如一個旅客離開正路，繞了一個彎才最終到達目的地；因此他說：「應該警告這種人，離開正路的惡習會把他引入歧途和邪道。」然後他又提出一個特別重要的理由，說明爲什麼這樣對待《聖經》的態度是危險的，他說：「如果《聖經》的權威動搖，信仰就要崩潰。」對於這一點，我卻要說，如果這種謬誤出於無知，就應該倍加小心地給予指正並加以原諒，正如我們對待一個害怕不存在的獅子的人一樣；但是，如果是明知故犯，這種曲解者就不能看作是愚人而只能看作是暴君；這種暴君不用公共規章來謀求公益，而力圖歪曲這些規章的原意以達到個人的目的。啊！曲解永恆的聖靈的旨意，這種行爲哪怕是出現在夢中也是最大的犯罪！這不是對摩西、大衛、約伯、馬太或保羅的犯罪，而是對聖靈的犯罪，因爲聖靈是透過他們發出聖言的。雖然《聖經》的作者很多，但只有一個指引者，那就是上帝，祂願意藉助許多作者來顯現自己。

交代了這一番開場白，我現在可以回過頭來批駁那種認爲兩個光體代表兩種政體的論點，因爲它完全是從推論出發的。有兩種方法說明，對於《創世記》中的那一段，作出這樣的解釋是無法接受的。第一，政體不是人類存在的本質，而是屬於其生存的偶然外在條件。假如上帝先創造政體而後創造人，豈不是犯了顛倒次序的過錯？而把這種過錯加在上帝頭上則是荒謬的。根據《聖經》記載，上帝是在第四天創造兩個光體，而在第六天才創造人的。此外，我們要指明，既然政體的存在是爲了把人引向特定目標，那麼，如果人被創造時是純潔無罪的，則政體對他們就沒有用處了，因爲政體一類的設置就是爲了醫治罪孽的惡疾。既然人在第四天不僅不是罪人，而且其本身還根本不存在，那麼，說上帝在第四天就開好了醫治罪孽這一惡疾的藥方，那就等於說上帝不是按照祂的善心行事了。如果一個醫生爲一個未知的病人預製未來的膿瘡的藥膏，他就是一個庸醫。因此，我們不能說上帝在第四天創造政體，而摩西所說的意思也不是那些人所想像的那樣。

他們的謬論還可以透過揭發其內容的謬誤這種比較溫和的辦法加以推翻，我們無須說對方是個徹頭徹尾的撒謊者，只要指出他所忽略的事物之間的區別就能做到這一點。我認爲，從月亮必須吸收太陽的光輝才能發光這一事實不能得出結論說：月亮本身是依靠太陽存在的。人們必須懂得，月亮的存在是一回事，它的功能是另一回事，而功能的行使又是一回事。月亮的存在絕不依賴太陽，甚至可以嚴格地說，它的功能及其功能的行使也不依賴太陽，因爲它的行動直接來自原推動力，亦即是這後者的光輝照射在它的表面上。正如我們在月蝕時所見，月亮本身是有微弱亮光的。它爲了增強自己的功能和效力才從光源充足的太陽吸取光輝。同樣地，我認爲，塵世權力的存在及其功能或權威，甚至嚴格地說，它的權力的行使，都不是得自教會權力；它所獲得的反而是神恩的光輝，是天上的上帝和地下的教皇的祝福使它沐浴在這神恩之中，以便它發揮得更有成效。

最後，他們的論點還有一個形式上的謬誤，即是結論中的賓詞與大前提中的賓詞並不一致，而實際上兩者應該一致。他們的論點是這樣的：月亮從太陽或從教會權力吸取光輝；現世的權力就是月亮，因此現世權力是從教會的權力獲得它的權威。在大前提中，月亮獲得的是光輝，而在結論中獲得的是權威。正如我已經說明過的那樣，無論在實質上還是在含義上，這都是截然不同的兩樣東西。

五

利未和猶達的比擬也是不成其為理由的。

他們還從《摩西書》中找到論據，說是從雅各懷中生出了這兩種權力的象徵，一名利未，一名猶達，前者是教士之父，後者是塵世權力之父。他們由此推理說：利未與猶達之間形成的關係，也就是教會與羅馬帝國之間所形成的關係；按照《聖經》的記載，利未比猶達年長，因此教會的權威也高於羅馬帝國。這種說法是很容易駁倒的。他們說雅各的兒子利未與猶達代表兩種權力，我能輕而易舉地否定他們的象徵性，並且持有充分的理由。他們說：「既然利未年長，教會就有更高的權威。」我能指出結論中的賓詞與中詞不是一致的，因爲「權威」與「年齡」無論是在實質上還是在道理上都是不同的東西，這樣就犯了一個形式方面的錯誤。他們的論點是這樣的：在丙方面甲先於乙，而丁和戊的關係相當於甲和乙的關係，因此在己方面丁也先於戊。問題是己和丙是兩回事。如果他們堅持說己來自丙，即是說權威來自年齡，年齡是邏輯的前提，一如動物之先於人，那我得說這是謬誤。事實上，有許多人在年齡方面是長者，而在權威方面非但不是長者，甚至還要服從年少的人；譬如有的主教就比自己下面年邁的主祭神父要年輕。因此他們的論點顯然是錯誤的，他們把不是因果關係的事物當作是因果關係。

六

同樣地，撒母耳和掃羅的比擬也不成其爲理由。

他們還從《舊約全書列王紀上》舉出對掃羅的推舉與廢黜的例子，說掃羅是由撒母耳封爲王而又由撒母耳罷免的，而且書中還講得很清楚，撒母耳是上帝的代理人。根據這個事實，他們推理說，正如上帝授權撒母耳讓他任免和移交塵世的權力，上帝至今仍把這種權力授予祂的代理人，因此一統的教會首腦就有權任免和移交塵世的權柄。毫無疑問，由此可以得出他們所斷言的結論，即帝國的權力依賴於教會。

爲了反駁他們關於撒母耳是上帝的代理人的斷言，我們要說，他不是作爲上帝的代理人行事，而是作爲執行上帝特殊使命的一個使者。這一點是清楚的，因爲他的所言所行完全依照上帝的吩咐。在代理人與使者之間加以區別是必要的，正如一個導師與一個解說者之間是有區別的。因爲代理人有權在自己管轄的範圍內立法和執法，而他的上司則無須事事過問。但是，使者就不能做到這一點，正如錘子的動作完全由木匠操縱，使者只能按照委派者的命令行事。因此，不能得出結論說，凡是上帝的特命使者所能做的，代理人也能做。因爲上帝過去、現在和將來都是透過天使去做許多事，而這些事是祂的代理人，即彼得的繼承人所不能做的。如此一來，他們那種從整體推斷局部的方法是錯誤的，就像是說：「人有聽覺、視覺，因此眼睛就有聽覺、視覺」，這是站不住腳的；但反過來就站得住腳了：「人不會飛，因此他的手臂也不會飛。」同樣地，用阿伽頌（Agathon）[6]的一個比喻來說，上帝不能透過祂的使者把曾經發生的事情變成未曾發生的，因此，上帝的代理人也不能做到這一點。

七

由上帝執掌的天國和塵世的大權是不能轉授給他的代理人的。

他們還援引了《馬太福音》（第二章，第十一節）。馬太敘述了三位賢人向基督獻黃金和乳香，他們據此推斷基督是精神財富和物質財富的主宰，並由此得出結論說，基督既是上帝又是君主，擁有兩方面的權力。我的回答是，我承認馬太的話本來的意思，而不承認他們的引申。他們是這樣推理的：上帝是教會事務和世俗事務的主宰，而教皇是上帝的代理人，因此教皇是教會事務和世俗事務的主宰。這裡的兩個前提都是對的，但依據四個名詞得出結論，這從三段論法來看是不能成立的。按照三段論推理的一般原則，這種錯誤非常明顯。因爲大前提裡的「上帝」不能跟小前提中的賓詞「上帝的代理人」等同。硬說他們等同是徒

【6】阿伽頌（西元前？—前四〇一？）——古希臘悲劇詩人。

勞的。不管是神的還是人的代理人都不能跟他權力的本源等同起來，這是顯而易見的。我們都知道在自然變化中，彼得繼承人的權力是不能跟神的威力相提並論的；他不能憑藉賦予他的權力來命令大地隆起或天火下降。要讓上帝把世間萬事都委託給他，那也是不可能的，例如造物或洗禮的權力就不能委託。這是顯而易見的，儘管《名言四書》（*Sentences*）[7]第四書的論述與此相反。我們都知道，既然是作爲一個人的代理人，他就不能與他代理的人相提並論，因爲所有不屬於自己的東西是不能委託他人的。一個政體行使政體的權力，但是這種權力不是由它自己產生的，因爲任何政體都不能自我授權。它能夠接受或放棄自己的權力，但是它不能創立另一個政體，因爲這種創立行爲不是屬於政體的行爲。如果是這樣，那麼任何君主顯然都不能設立一個在一切方面與自己等同的代理人。因此，他們的論點沒有說服力。

八

基督把聯結和解除之權授予彼得，但在塵世的司法方面這個權並不適用。

他們還援引《聖經》上基督對彼得說的話：「凡你在地上所聯結的，在天上也要聯結，凡你在地上所解除的，在天上也要解除。」[8]他們也承認，根據《馬太福音》和《約翰福音》的記載，基督對所有的門徒都說過這樣的話。但他們認爲，根據上帝的特許，彼得的繼承者可以聯結一切或解除一切，並由此推斷說，彼得的繼承者可以解除帝國的法律與法令，並用自己的法律與法令來約束塵世的權力；而根據這一權力，他們又推斷出一系列後果。

我批駁這一論點的方法，是把這個三段論中大詞的兩種使用法加以區分。他

【7】早期基督教作家的言論集。

【8】《新約全書馬太福音》第十六章，第十九節。——英譯者

們的三段論是這樣的：

彼得可以聯結一切或解除一切，

彼得能做到的彼得的繼承者也能做到，

因此，彼得的繼承者可以聯結或解除一切。

他們由此推斷說，他們可以解除或約束帝國的權威和法令。小前提我是認可的，但大前提不能沒有限制。因爲我必須說明，「凡」所意味著的這個具有普遍含義的詞「一切」，只包括與一定的命題相關聯的一切。如果我說「一切的動物都會跑」，這個「一切」包括所有的動物；如果我說「一切人都會跑」，這個「一切」只包括人；而當我說「一切文法家」，這個「一切」的含義就更窄了。所以，我們始終要注意這個「一切」在一定的命題中是指哪一類的東西。只要弄清它所指的對象的性質與範圍，我們就能立刻說出它包括些什麼。如此一來，當《聖經》說到「凡你所聯結的」，如果這個「凡」的含義是絕對的，那麼他們的論點就是正確的；教皇不僅能做到他們所說的一切，甚至還可以解除一個有夫之婦的婚約，並在她第一個丈夫還活著的時候讓她和第二個人聯結成姻，而這是不可能的；或者，他可以在我還沒有懺悔時就赦我的罪，而這個就連上帝也做不到。因此，顯而易見「凡」的含義不能絕對化而必須與特定的某類東西相聯繫。與基督授權有關的是哪一類東西，《聖經》是說得夠清楚的。因為基督對彼得說：「我要把天國的鑰匙給你。」那就是說，「我要你成為天國的守門人。」下面才提到「凡」那句，也就是說，「與那職守有關的一切你可以聯結或解除。」這樣我們也就明白，具有普遍含義的「凡」在這裡根據上下文必然是指掌管天國鑰匙的權力。在這個意義上，上述的大前提是對的，但顯然不能作絕對的解釋。因此，我堅決認為，雖然彼得的繼承人在履行當初委託給彼得的職守時可以聯結或解除，但不應得出結論說：他因此就像他們斷言的那樣能夠解除或制定帝國的法律與法令，除非能證明那樣做跟掌管天國鑰匙的權力有關；而我將在下面（第十四章）證明結論恰恰與此相反。

九

體現世俗權力和神聖權力的「兩把刀」並不掌握在教會之手。

他們還援引了《路加福音》，其中提到彼得對基督說：「主啊，請看，這裡有兩把刀。」[9]他們斷言這兩把刀指的是上述兩類的統治權，按照彼得的說法，他在哪裡，權力也在哪裡，也就是說，權在他手裡。他們由此推斷說，這兩類統治權的權力屬於彼得的繼承人。我們反對這種斷言，不承認他們對經文含義的解釋是正確的。我們斷然否認他們提出的關於彼得用兩把刀比作兩類統治權的說法，一方面因爲這樣的解釋不符合基督所說的意思，另一方面也因爲彼得一向是遇到明顯的意思便不加思索就回答的。

如果我們根據上下文考察一下前面說了些什麼以及爲什麼要這樣說，那就更加清楚了，因爲針對基督的話，他們所說的那種意思並不是一個明確的回答。我們必須記住，這段對話發生在最後晚餐的那一天，因爲路加在前面的章節裡說道：「除酵節來了，這一天應該屠宰逾越的羊羔。」[10]這次晚餐，基督就已暗示祂即將受難，從此要跟門徒分手。我們還必須記住這次談話所有十二個門徒都在場，因爲就在上面所引的那一節之後，路加說道：「時候到了，耶穌坐席，十二門徒也和他同坐。」[11]接著他又說道：「我差你們出去的時候，沒有錢囊，沒有口袋，沒有鞋，你們缺少什麼沒有？」他們說：「沒有。」耶穌說：「但如今有錢囊的可以帶著，有口袋的也可以帶著，而沒有刀的要賣衣服買刀。」[12]在這裡，基督的意思很明白，因爲祂並沒有說「如果沒有刀就去買兩把」，祂是說「買十二把」，因爲祂對每個人說「如果你沒有刀就買一把」，這樣每人都有一把刀。祂說這番話是告誡他們要警覺即將到來的迫害與誹謗；這好像是說：「我與你們相處的時候，你們受到招待，而現在你們將要被人驅逐；考慮到你們今後的需要，即使過去爲我禁用的東西，現在你們也要用它們把自己裝備起來。」如果彼得對這番話的回答是他們所說的那種意思，那麼彼得就是沒有注意

[9]《新約全書路加福音》第二十二章，第三十八節。——英譯者
[10]同上第七節。——英譯者
[11]《新約全書路加福音》第二十二章，第十四節。——英譯者
[12]同上第三十五到三十六節。——英譯者

到基督的原意。如果眞是那樣，基督就會責備他，像他每次出言不當基督都要責備他一樣。然而這一次，基督並沒有責備他，而是允諾說：「夠了」；這好像是說：「我是根據你們的需要說的，既然不能做到每人一把刀，那麼有這兩把也夠了。」

關於彼得的回答是針對那明顯的意思這一點，我們可以從他那不加思索和心直口快的魯莽態度來加以證明；他之所以具有這種魯莽態度，那不僅是由於他信仰眞誠，而且，據我看來，也是由於天性純樸之故。所有的《福音書》的作者都證實彼得確實具有這種魯莽的態度。《馬太福音》寫道，有一次耶穌問祂的門徒：「你們說我是誰？」彼得第一個搶著說：「你是基督，是永生上帝的兒子。」[13]《馬太福音》接著寫道，基督告訴祂的門徒說祂必須上耶路撒冷去受許多苦難，彼得就打斷基督的話，上前勸阻說：「主啊，萬不可如此，這事必不臨到你身上。」耶穌轉過來，責備彼得說：「撒旦，退到我後邊去吧。」[14]《馬太福音》還寫道，有一次，在變形山上，彼得與西庇太的兩個兒子[15]迎面看見耶穌、摩西和以利亞，彼得就對耶穌說：「主啊，我們在這裡眞好。你若願意，我就在這裡搭三座棚，一座爲你，一座爲摩西，一座爲以利亞。」[16]又有一次，《馬太福音》寫道，在一個夜晚，門徒都在船上，耶穌從海面上向他們走去，彼得就說：「主啊，如果是你，請叫我從水面上走到你那裡去。」[17]《馬太福音》又寫道，基督對祂的門徒預言說，他們要爲祂的緣故而跌倒，彼得就說：「眾人雖然爲你的緣故跌倒，我卻永不跌倒。」[18]緊接著彼得又說：「我就是必須和你同死，也總不能不認你。」[19]《馬可福音》也敘述了這個故事（第十四章，第二十九節）。《路加福音》也作了補充說，就在關於兩把刀的談話不久以前，彼得對基督說：「主啊，我就是同你下監，同你受死，也是甘心。」[20]《約翰福音》還講到，有一次基督要洗彼得的腳，彼得對他說：「主啊，你要洗我的腳嗎？」然後又說：

---

[13]《新約全書馬太福音》第十六章，第十五到十六節。——英譯者

[14]《新約全書馬太福音》第十六章，第二十二到二十三節。——英譯者

[15] 指使徒雅各和約翰。

[16]《新約全書馬太福音》第十七章，第四節。——英譯者

[17] 同上第十四章，第二十八節。——英譯者

[18] 同上第二十六章，第三十三節。——英譯者

[19] 同上第三十五節。——英譯者

[20]《新約全書路加福音》第二十二章，第三十三節。——英譯者

「你永不可洗我的腳。」[21]約翰講到（所有四位《福音書》的作者都這樣講），彼得如何把大祭司的僕人砍了一刀。[22]約翰還說，彼得看到其他門徒在耶穌墳墓的入口躊躇不前，他便徑自進去了。

《約翰福音》還記述，耶穌復活在海岸上顯現的時候，彼得原先赤著身子在船上，一聽說是主，他就披上他的斗篷，跳到海裡。[23]最後他寫道，彼得看見約翰便問耶穌：「主啊，這人將來如何？」[24]我們羅列了以上這些情節來讚美彼得那眞純的性格還是很値得的，因爲這些情節表明他說到那兩把刀的時候，是抓住了基督原話的明顯意思。

但是，在作了以上說明之後，如果一定要對基督和彼得的那段話作象徵性的解釋，那也肯定不能像他們按教令派理論所解釋的那樣，而應以馬太寫到關於刀的那段話來理解：「你們不要以爲我來是叫地上太平；我來並不是叫地上太平，而是叫地上動刀兵。因爲我來是叫人與父親不睦。」[25]耶穌這話說得正確，也符合事實，用路加對提阿非羅的話來說，這正是「耶穌開頭所行和所教訓的」[26]。這就是耶穌勸告要買而彼得說這裡已經有了的兩把刀。正如我們已經闡明的，他們在言行上都準備照著上述耶穌來到世上所要做的去做。

十

即使君士坦丁大帝把王權贈與教會，他還是無權這樣做。

有人還提出另一種論據，說君士坦丁大帝多虧當時的教皇西爾維斯特（Sylvester）爲他禱告才治癒了他的痲風病，於是他把帝國寶座所在地羅馬城以及帝國的其他許多權柄一併捐贈教會。他們由此推斷說，從那以後，這些權柄的所有權屬於教會，人們必須透過教會才能享有這些權柄。他們並由此得出符合他們心願的結論：帝國從此依賴於教會。在此，我們有義務介紹和批駁這些論點，

【21】《新約全書約翰福音》第十三章，第六到八節。——英譯者
【22】同上第十八章，第十節。
【23】《新約全書約翰福音》第二十一章，第七節。
【24】同上第二十一節。
【25】《新約全書馬太福音》第十章，第三十四到三十五節。——英譯者
【26】《新約全書使徒行傳》第一章，第一節。——英譯者

這些論點不像我們前面考察過的那些以神啓爲依據，而是以羅馬史實和人類理性爲依據。

我們上面提到他們的第一個論點，可用以下這個三段論公式表達：除非得到教會的許可，否則誰也無權掌管教會的財產（而教會的權則是天授的）。羅馬帝國政權屬教會所有，因此，除非得到教會的許可，否則誰也無權掌握它。如前所述，這個小前提以君士坦丁的捐贈爲依據的。我現在要否定的也就是這個小前提。我將證明他們的論據是不足爲憑的，因爲君士坦丁不能把帝國送出，而教會也不能加以接受。如果他們頑固地堅持相反意見，我可以對我的論點作如下證明：誰都無權做出違反自己職權的事，否則一個事物就可以既是自己又是自己的對立面，而這是不可能的。因此，任何帝王都無權分割帝國，因爲正像我們在第一卷中指出的，他的職務就是要使全人類服從一個統一的是非觀。因此，不能允許一個帝王去分割帝國。如果像他們主張的那樣，君士坦丁把帝國的某些權柄割讓給教會，那就等於是撕裂無縫天衣，而這種事情就連刺傷眞主基督的人也是不敢做的。

此外，如果教會有自己的根基，則帝國也同樣有。教會的根基就是基督，因此，聖徒對哥林多人說：「那已經立好的根基，就是耶穌基督，此外沒有人能立別的根基。」[27]他就是教會建立於其上的基石，而帝國的基石則是人權。因此，我認爲，如果教會無權離開自己的根基而必須永遠以之爲基礎，正如《雅歌》中唱道：「這是誰啊？她依傍著情人，滿懷喜悅，從曠野裡向前走來。」[28]那麼，同樣地，帝國也不能做任何違反人權的事。帝國毀滅自己也是一種違反人權的行爲，因此帝國無權毀滅自己。顯而易見，如果帝國按其本質是獨一無二的世界統治權，那麼分割它就是毀滅它，因此任何握有帝國權柄的人都無權分割帝國。以上說明了毀滅帝國是違反人權的。

此外，司法權先於行使該權力的法官，因爲法官就是爲了執行司法權才委任的，而不是相反。帝國應是體現所有的塵世司法權的一種司法權。因此，它先於法官，亦即先於帝王，因爲帝王是爲了執行這一司法權才委派的，而不是相反。因此顯而易見，帝王不能改變帝國，因爲沒有帝國，帝王就不成其爲帝王了。所

【27】《新約全書哥林多前書》第三章，第十一節。——英譯者
【28】《舊約全書雅歌》第八章，第五節。——英譯者

以我的論點是：當君士坦丁向教會進行所謂的捐贈時，他要嘛是帝王，要嘛不是。如果他不是，他顯然不能把帝國贈送他人。如果他是，他由於這個身分就不能做這樣的事，因爲那樣做就限制了自己的司法權。此外，如果一個帝王可以割讓哪怕是一小部分帝國的司法權，那麼另一個帝王同樣有理由可以這樣做。一切塵世的司法權都是有限的，因而任何有限的量都可以由有限的減法所消除，於是固有的司法權就可能化爲烏有，這當然是荒唐的。

此外，按照先哲亞里斯多德在《倫理學》第四卷中所說，送禮者與受禮者的關係好比是作用者與承受者的關係。如果送禮正當有效，則送禮者和受禮者都必須配合默契，因爲雖然行爲是作用者作出的，它卻表現在它所作用的對象及其條件之中。教會則根本不宜於接受塵世的權力。馬太對教會下達了明確的禁令：「你們的腰帶裡不要裝金銀銅錢，行路也不要帶口袋。」[29]雖然在《路加福音》中這道禁令略有放寬，但我從未發現在禁令下達之後仍然允許教會擁有金銀。由此可見，縱然君士坦丁可能向教會送禮，但教會無權受禮，那麼這送禮本身由於缺乏適當的受禮者也就不能生效。因此，顯然地，教會不能成爲這項捐贈的合法占有者，而帝王因爲無權轉讓他的占有物，也就不是一個合法的捐贈者。當然，帝王可以把他的某些領地和特權委託教會保管，但他的至高統治權則必須完整無損，因爲這是不可割讓的。上帝的代理人可以接受這些委託，但其身分不是一個合法的占有者，而是教會的代表，因爲教會可以向窮人布施財富，使徒們也是這樣做的。

【29】《新約全書馬太福音》第十章，第九到十節。

十一

篡權並不能產生權力。

此外，他們還斷言，教皇哈德良（Hadrian）在教會和他本人受到德西德里烏斯（Desiderius）王領導下的倫巴第人（Lombards）的侵犯時，曾召喚查理大帝（Charlemagne）前來相助；他們還聲稱，雖然當時統治君士坦丁堡的是麥可（Michael），但查理大帝卻是從哈德良教皇手裡接受王權和王冠的。他們憑這一點斷言此後的一切羅馬皇帝不僅奉召幫助教會，而且是奉教會之召幫助教會的。這就是他們企圖證明的那種從屬關係。

爲了批駁這一點，我要說，他們簡直是胡言亂語，因爲篡權不是授權。如果說是，那我們也還是可以說教皇的職權來自帝王，因爲正是奧托（Otto）大帝一手扶植利奧（Leo）教皇，廢黜本篤（Benedict）教皇並把他放逐到薩克森（Saxony）的。

十二

教皇與帝王的權力是兩種不同性質的權力，所以不能由一人來體現。

現在再來看看那些理性的論點。他們把《形上學》第十卷中的一個命題作爲他們的首要原理，這個命題是：凡屬同一種類之物，可分解爲形成該類物之典範的那一分子。於是他們說，一切人都屬於同一種類，因此應分解出一個最有代表性或最典範的人；那麼，既然教皇與皇帝二者都同爲人，他們之間必須分解出一個；又既然教皇是不能分解掉的，他們就得出一個結論說：帝王和其他一切人都必須分解掉而以教皇作爲人類之典範與標準，由此他們得出那個稱心如意的結論。

在批駁這一論點的同時，我同意他們說的凡屬同一種類之物，可分解爲形成該類物之典範的一分子；我也同意他們說的一切人都屬於同一種類，同意他們由此得出的正確結論說：一切人能夠分解出一個作爲人類典範的人。但是，他們把這一論點運用到教皇和帝王身上則全屬偶然。須知道，作爲人是一回事，作爲教皇是另一回事，而作爲帝王又是一回事，正如一個做僕人的、做父親的或做主子的，是性質不同的人。人之所以成其爲人全憑他的實體形式（或主要特徵），憑著這一形式，人才分出不同的類別，同樣是憑著這一形式，人才具有實體。但是，一個做父親的之所以成其爲父親，則要看他跟同類中其他人的關係，這種關係使父親成爲某一類人。這裡劃分的標準，不是看人本身而是看另外一種特性或關係。否則，一切相互區別的關係都要成爲實體，然而任何一種關係本身都不是實體，而只是實體之間假定存在的紐帶。但是這樣一種歸化（把一切關係都化爲實體）卻是荒謬的。教皇之所以爲教皇和帝王之所以爲帝王，都憑藉其特殊的關係，即憑藉教皇制與帝制，這些關係本身又與其它關係相關聯，如教皇制與父權相關聯，帝制與領主權相關聯。由此可見，教皇和帝王這二者顯然是屬於兩個不同的類屬，各自可分解出本類的典範。因此，我認爲他們作爲人的典範不同於作爲教皇與帝王的典範。作爲人，他們屬於最優秀的一類人，好比是其他一切人的標準或理想，他在最大限度上體現爲人中之人。這一點在《倫理學》的最後幾卷中已經闡明。但是只要他們存在而且相互關聯——這一點是很顯然的，他們就必須分解出一個來，或者透過一個從屬另一個的方式，或者是透過某個第三種因素作爲他們之間的「共同分母」。但是，我們不能說這二者之間一方從屬於另一方，因爲把一方的特性應用於另一方就會成爲謬誤。我們不能說帝王即是教皇，反過來也是一樣。這二者也不能說是同一類屬，因爲作爲教皇和作爲帝王各有各自的根據。因此，他們只能透過第三種關係結合在一起。如果我們記住事物有各自的關係，又有相互間的關係，而教皇制和帝制這些關係是屬於高級的關係，那麼我們就能明白教皇和帝王究竟哪一點上屬於同一類，因爲他們都是位於他人之上的人，而且他們所有的其他特點都必須視作與此並不相干。至於這個位於他人之上的特點，則是他們在凌駕萬物的上帝之下所共同具有的；如果不是在上帝之下，那就是在某種實體之下，這種實體低於上帝，但在它的特殊存在之中，又包含作爲居於高位者所必備的一切特殊存在形式。這就清楚地說明，教皇和帝王作爲人是按照一種方式進行分解，而作爲皇帝和帝王則是按照相當不同的另一種方式進行分解。關於他們訴諸理性的論點我們就說到這裡。

十三

從歷史上說，羅馬帝國不僅先於教會，而且也不受教會的約束。

那些鼓吹羅馬帝國的統治權取決於羅馬教皇的權力的人，自以爲他們的論點最有力；現在我們對他們這些錯誤作了披露和反駁之後，就必須更加主動地闡明我在本卷開頭提出討論的第三個問題的眞正答案。只要我們說明：根據我們討論前確立的原理，所爭論的權力乃是直接來自至高無上的上帝，那麼，這個問題的眞正答案是十分明白的。關於這一點可以從兩個方面加以證明：或者是把有關教會的權力這一點排除出這個問題，因爲無人堅決主張還有其他的源泉；或者是明確地證明上帝是帝國權力的直接源泉。關於教會不是帝國權力的源泉這一點可以證明如下：如果某物不存在或不起作用並不影響另一物的正常活動，那麼，此物就不是那另一物的根源；教會不存在或不起作用並不影響帝國的正常活動；因此，教會就不是帝國力量的根源，也不是其權力的根源，因爲力量跟權力是一回事。假設甲代表教會，乙代表帝國，丙則代表帝國的力量或權力。如果在缺乏甲的情況下，丙仍然存在於乙之中，那麼甲就不可能是丙存在於乙之中的原因，因爲結果不能先於它的原因而產生。或者，如果在甲不活動的情況下，丙仍然存在於乙之中，那就必然會得出這樣一個結論：甲並不是丙存在於乙之中的原因，因爲結果不可能先於其原因而起作用，尤其是不能先於其直接生效的原因，而我們目前考察就是這種原因。以上我們透過對字義的分析就證實了我們的大前提。

小前提可以透過基督與教會本身加以證實。有基督的生與死爲證，這一點我們在前面已經加以說明；也有教會爲證，一如保羅對非斯都所說：「我站在該撒的堂前，這就是我應當受審的地方。」[30]稍後，上帝又派天使對保羅說：「保羅，不要害怕，你必須被帶到該撒堂前。」[31]後來，保羅又對居住在義大利的猶太人說：「無奈猶太人不服，我不得已，只好上告於該撒。並非有什麼事要控告我本國的百姓，而是要從死亡中搶救出我的靈魂。」[32]如果羅馬皇帝在世俗事務

[30]《新約全書使徒行傳》第二十五章，第十節。——英譯者
[31] 同上第二十七章，第二十四節。——英譯者
[32] 同上第二十八章，第十九節。——英譯者

上沒有司法權，基督就不會維護他的權力，天使也不會說那樣的話，而說過「情願離世與基督同在」[33]的保羅，也不會向一個沒有司法權的法官提出上訴。如果君士坦丁大帝對教會的財產不是擁有主權，他當時就無權讓帝國給教會進行人們所想像的那種捐贈，而教會接受這種捐贈也是不正當的，因爲上帝規定凡是獻給他的東西必須是純淨的，像《利未記》就提到：「凡是獻給主的祭品都不能發酵。」[34]這固然是對獻祭者的告誡，卻也適用於受祭者。如果設想上帝對獻祭者所禁止的祭品卻允許受祭者接受，那未免荒唐。在同書中他還明確地對利未人說：「不要玷汙你們的靈魂，也不要摸他們的東西，以免你們不潔。」[35]如果說教會沒有資格享有已經給了它的東西，這是十分不適當的，因此導致這種結論的命題必定是錯誤的。

十四

教會不可能被授予向塵世政體授權的權力。

如果眞像這個命題所說，教會能向羅馬政體授權，那麼教會就必然持有這種權力，而這種權力或者得自上帝，或者來自教會本身，或者來自某個帝王，或者得到一切人的公認——至少是大多數人的公認；除此以外，教會的這種權力就再也沒有其他來源了。但是，教會並沒有從以上來源獲得這種權力，因此它並不持有這種權力。

教會沒有從上述來源獲得權力這一點，可以證明如下：如果教會從上帝那裡獲得這種權力，那只能是透過神聖的或自然的法則（因爲來自大自然的也就是

【33】《新約全書腓立比書》第一章，第二十三節。——英譯者

【34】《舊約全書利未記》第二章，第十一節。——英譯者

【35】參閱《利未記》。

來自上帝，而這當然不能反過來說）。但是，教會並未從自然法則中獲得這種權力，因為自然法則只能管自然現象；同時，無所不有的上帝在他無須使用輔助力量的時候也不會造出有缺陷的東西。既然教會不是自然界的產物而是憑上帝之命誕生的（如同基督說的：「我要在這個基石上建立我的教堂」；又如：「我已完成了你交給我的工作」），所以自然界顯然不會向教會頒布法則。我們在聖典裡也找不到適當的根據，因為全部聖典都包括在《舊約》與《新約》兩書中，而我從中就找不到一條指示，證明對古代或現代的教士賦予了管理世俗事務的職能。相反地我卻看到了：根據上帝對摩西的命令，古代的教士顯然擺脫了這些事務；而根據基督對其門徒的命令，現代的教士也是如此。如果塵世的權力來自教會，上帝就不可能做出如上的安排，因為授權本身至少包含過問其行使情況和不斷防備獲授權者偏離正道的意思。

教會沒有從本身獲得這種權力，這一點是很明顯的。誰也不能提供自己沒有的東西，因此，正如《形上學》第一卷中所指出的：任何行為者的行動必須表明他本身與他行動的目標是一致的。很顯然，教會原先並不具有那一權力，如果教會給予自己那一權力，那就等於他給予自己本身並不具有的東西，這當然是講不通的。

同樣地，教會不曾從任何帝王那裡獲得這種權力，這在前面已經作了充分說明了。

教會也不曾由於一切人或大多數人的公認而獲得這個權力，因爲不僅所有的亞洲人、非洲人，甚至人部分的歐洲人都不會加以公認，所以，對於這一點誰還會提出懷疑呢？

事情既然是如此明白，還要予以論證，那實在令人討厭！

十五

教會的形式體現在基督的一生中。

凡是違反某物本性的東西，就不是此物的機能，因爲某物的機能總是符合此物的本性，並促成此物的目的。向管理世俗事務的政體授權這一職能是違反教會本性的。所以，這一職能不是教會的職能。作爲小前提的論據，我們須知道，就教會而言，它的本質即是它的形式。一物的性質既可歸之於內容，也可歸之於形式，但根據《物理學》所指出的，歸之於形式更爲適當。教會的形式不是別的，正是基督一生的言行。對於教會的積極分子，特別是對於教會的牧師，其中又特別是主要牧師（因爲他們的職守就是放牧羊群），基督的一生正是他們的理想和模範。根據《約翰福音》記載，基督本人在把他的生活方式傳授給我們時說：「我給你們作了榜樣，你們就照著我向你們所做的去做。」[36]當他委任彼得以牧師的職守後，他特別指出：「彼得，你要跟隨我。」[37]而另一方面，基督在彼拉多面前放棄塵世的權力時說：「我的國不屬於這世界。我的國若屬於這世界，我的臣僕必要爭戰，使我不至於被交給猶太人。只是我的國不屬於這世界。」[38]這段話不能解釋成似乎基督不是這個世界的神主，《詩篇》作者說得對：「海洋是他所造，海洋屬於他」；這段話的解釋應該成為教會的榜樣，因為教會是不參與塵世的統治的。譬如一枚金印對自己說：「我根本不是一種度量。」它不是作為金子說這話的，因為金子確實是一切金屬的度量；它是作為能在其他東西上蓋印的印章說這話的。

因此，教會的這一形式要求它必須說話符合本意。如果說的是一回事，指的又是一回事，這顯然違反教會的形式，因而也就違反教會的性質，因為二者是一致的。從以上命題，我們可以得到結論說：行使任命政體的權力是違反教會的性質的。如果在意見或言語中存在矛盾，它卻是由人人都認為是對的或人人都談論的事物的矛盾中產生的，這好比是眞理和謬誤不是來自雄辯，而是來自人人都

[36]《新約全書約翰福音》第十三章，第十五節。——英譯者
[37]同上第二十一章，第二十二節。——英譯者
[38]同上第十八章，第三十六節。——英譯者

談論的事物那樣（這一點見《範疇篇》（*On the Categories*）[39]中對判斷原則的論述）。

以上論斷足以證明教會方面聲稱帝國的權力有賴於它是錯誤的，哪怕是聲稱在最微小程度上有賴於它也是錯誤的。

十六

只有上帝才能統治人類，以達到其雙重目的，並為每一目的選擇統治者。

儘管我們在上一章透過揭示反對命題的錯誤含義，證明帝國的權威不能來自教皇的權威，但我們也還沒有從正面證明這一權威直接來自上帝。對於反對命題的揭示意味著，帝國的權威既然不取決於上帝的代理人，那就是取決於上帝自己。但爲了給我們的命題提出一個完整的論證，我們必須證明：帝王或世界政體是直接從宇宙的統治者，即上帝那裡獲得祂的權力的。

我們對這一眞理的認識是有事實根據的，那就是在萬物之中，唯有人類是處於可朽與不朽之間。因此，許多哲人恰當地把人類比作處於兩個半球之間的地

【39】《範疇篇》是亞里斯多德所著。

平線。人有兩個主要部分，亦即靈魂與肉體；從肉體這部分來說，他是可朽的；從靈魂這部分來說，他是不朽的。關於靈魂不朽這一點，先哲亞里斯多德說得很好：「既然靈魂是永恆的，那麼單憑這一點，人就不同於可毀滅的東西。」因此，既然人類是處於可朽與不朽之間的一個仲介，那麼他像所有的仲介一樣，具有兩種極端的性質。而任何性質的存在都是爲著追求它固有的最終目的，因此人類的存在就有雙重目的。既然在萬物之中只有人類同時具有可朽與不朽的性質，那麼在萬物之中只有人類同時屬於兩個極端——一個是他作爲可朽之物的目的，另一個是他作爲不朽之物的目的。

因此，正確無誤的神明爲人類安排的目的具有兩重性：其一是塵世的幸福，它體現爲人類能夠發揮其本身的能力這一點，同時，它也可以由塵世的「樂園」來作爲象徵；其二是永生的幸福，它體現爲能夠看到上帝，而這靠人類自己的能力是達不到的，非有神啓相助不可；這種幸福境界是由天上的「樂園」來表現的。這兩種幸福好像是兩個目標，人類必須透過不同的途徑才能達到。我們要達到第一個目標，就必須遵循哲人的教導，而且要按照我們的德性和智力去加以應用；我們要達到第二個目標，就必須遵循超越人類理性的神的教導，而且也要按照我們的宗教能力、信仰、希望和仁愛去加以應用。這兩個目標和達到的途徑已經清晰地展現在我們眼前，其一是靠人類理性，哲人運用它使我們明瞭這些事理；其二是靠聖靈，他透過先知，透過聖書作者，透過與聖靈一體的聖子耶穌基督以及透過祂的門徒，把我們必需的神聖眞理顯示給我們。但是，人類的貪欲仍然會蒙蔽我們的雙眼，人類就像脫韁野馬，不得不用韁繩和馬銜勒住他，使他走上正道。人類的韁繩是由一對騎手按照人類的雙重目的來掌握的。其一是教皇，他用神啓引導人類走向永生的幸福；其二是帝王，他用哲理引導人類走向塵世的幸福。然而，如果不平息貪欲的紛爭，讓自由的人類享有和平寧靜，那就不會有人或者只有極少數人能艱難地達到這一目的。因此，這必須成爲指導全球的羅馬帝王的奮鬥目標，讓人類在這塵世生活的磨練中獲得自由與和平。

因爲我們這個地球的狀況是取決於天體運轉的內在秩序，所以我們需要有一個主管人，他對整個天體的狀況一目了然，能夠按照不同的時間與地點，提供有關自由與和平的有益教導；同時，唯有他深謀遠慮，考慮周詳，使萬物按照他的預定計畫來安排。既然如此，那麼就只有上帝才能選帝，只有他才能建立政體，因爲他是至高無上的。由此還可以得出另一個結論，即現在和過去把一些人稱爲

「選帝侯」是名不符實的，應該把他們稱爲神意的傳達者。有時，那些有資格宣布神意的人之間意見分歧，這是因爲他們之中有些人甚至所有的人都被貪欲的迷霧擋住了視線，以致看不到神意的指派。

現在很清楚，塵世的世界帝國的權威，無須透過任何媒介，而直接來自宇宙的權威之源，這純潔的源泉雖說是發自一個單一的源頭，卻洋溢著至美至善而分布爲許多支流。看來，我已經達到了我們的目的地。因爲我們所考察的基本問題的眞理，現在已經揭示出來，這些基本問題是，爲了給塵世帶來幸福，是否有必要建立一個一統的政體；羅馬人是否有資格掌握帝國的權力；最後，世界帝國的權威是直接來自上帝還是有賴於其他。當然，關於這最後一個問題的答案，不能死板地解釋成爲羅馬政體根本不必服從羅馬教皇，因爲在某些方面我們塵世的幸福服從於我們永生幸福。因此，凱撒之敬重彼得，猶如長子之敬重父親。這樣，有了慈父般恩典，這一政體的光輝可以更加明亮地普照全球大地，而它就在大地上直接依靠上帝進行統治，因爲上帝是天上人間萬事萬物的統治者。

譯名對照表

三劃

《上帝之城》（*City of God*）
大流士（Darius）

四劃

《六法則全書》（*Book of the Six Principles*）
《天堂》（*Paradiso*）
尤維納利斯（Juvenal）
巴門尼德（Parmenides）

五劃

加拉曼特人（Garamantes）
卡夫丁山谷（Caudine Forks）
卡米盧斯（Camillus）

《四因論》（*De Causis*）
《四美德論》（*On the Four Virtues*）
《尼各馬可倫理學》（*Nicomachean Ethics*）
尼努斯（Ninus）
布魯圖斯（Brutus）
本篤（Benedict）
皮拉穆斯（Pyramus）
皮洛士（Pyrrhus）

六劃

丟克里（Teucri）
伊比鳩魯（Epicurus）
《伊利亞德》（*Iliad*）
伊利恩諾斯（Ilioneus）

七劃

八劃

亞里斯多德（Aristotle）
亞述（Assyria）
亞特蘭大（Atlanta）
居魯士（Cyrus）
帕拉斯（Pallas）
彼拉多（Pilate）
拉古斯（Lagus）
拉提努斯（Latinus）
拉維尼亞（Lavinia）
法比里西烏斯（Fabricius）
《法沙利亞》（*Pharsalia*）
《法學彙編》（*Digest*）
波希納（Porsena）
波愛修斯（Boethius）
《牧歌集》（*Bucolics*）
《物理學》（*Physics*）
阿伽頌（Agathon）
阿拜多斯（Abydos）
阿特拉斯（Atlas）
阿特蘭提得斯（Atlantides）
阿斯卡尼俄斯（Ascanius）
阿爾巴人（Albans）
阿維羅伊（Averrces）
阿薩拉克斯（Assaracus）

九劃

哈德良（Hadrian）
《政治學》（*Politics*）
《查士丁尼法典》（*Justinian Code*）
查理大帝（Charlemagne）
科利尼（Colline）
《神曲》（*Divinc Commedia*）
神佑（Fortunate）

奧羅修斯（Orosius）
義大利（Italy）
聖托馬斯・阿奎那（St. Thomas Aquinas）
蒂托・李維（Titus Livy）
該亞法（Caiphas）
達耳達諾斯（Dardanus）

十四劃

圖努斯（Turnus）
漢尼拔（Hannibal）
維吉爾（Virgil）
維納斯（Venus）
維蓋提烏斯（Vegetius）
維德（Ovid）
蓋倫（Galen）
豪拉提烏斯（Horatius）
赫克特（Hector）
赫斯珀里亞（Hesperia）

十五劃

墨丘利（Mercury）
德西德里烏斯（Desiderius）
歐律阿羅斯（Euryalus）
歐幾里得（Euclid）
《範疇篇》（*On the Categories*）
《論至善和至惡》（*De Finibus Bonorum et Malorum*）
《論軍事》（*Re Militari*）
《論基督教教義》（*Christian Doctrine*）
《論責任》（*De Officiis*）
《論謬誤》（*Fallacies*）
《論靈魂》（*De Anima*）

十六劃

盧坎（Lucan）
盧杜里（Rutuli）

穆修斯（Mucius）

《諷刺集》（*Satires*）

十七劃

薄伽丘（Boccaccio）

薛西斯（Xerxes）

薩克森（Saxony）

薩莫奈人（Samnites）

薩賓人（Sabines）

十九劃

《羅馬史》（*History of Rome*）

羅慕路斯（Romulus）

二十三劃

《變形記》（*Metamorphoses*）

經典名著文庫 047

論世界帝國

作　　者 —— 但丁・阿利蓋里（Dante Alighieri）
譯　　者 —— 朱虹
發 行 人 —— 楊榮川
總 經 理 —— 楊士清
文庫策劃 —— 楊榮川
副總編輯 —— 劉靜芬
責任編輯 —— 蔡琇雀、周大爲
協力編輯 —— 呂伊眞、高丞嫻
封面設計 —— 姚孝慈
著者繪像 —— 莊河源
出 版 者 —— **五南圖書出版股份有限公司**
地　　址 —— 臺北市大安區 106 和平東路二段 339 號 4 樓
電　　話 —— 02-27055066（代表號）
傳　　眞 —— 02-27066100
劃撥帳號 —— 01068953
戶　　名 —— 五南圖書出版股份有限公司
網　　址 —— http://www.wunan.com.tw
電子郵件 —— wunan@wunan.com.tw
法律顧問 —— 林勝安律師事務所　林勝安律師
出版日期 —— 2019 年 1 月初版一刷
定　　價 —— 250 元

國家圖書館出版品預行編目資料

論世界帝國 / 但丁 • 阿利蓋里 (Dante Alighieri) 著 , 朱虹
譯 . -- 初版 . -- 臺北市 : 五南 , 2019.01
面 ;　公分 . -- (經典名著文庫 ; 47)
譯自 : De Monarchia
ISBN 978-957-763-196-1 (平裝)

1. 但丁 (Dante, Alighieri, 1265-1321)　2. 學術思想
3. 政治思想

570.9403　　107021135